LA TERRE ET LE SACRÉ

LA TERRE ET LE SACRÉ

LES ESPRITS DU PAYSAGE
LES ANCIENS ALIGNEMENTS ET LES SITES SACRÉS
LA CRÉATION ET LA FERTILITÉ

BRIAN LEIGH MOLYNEAUX

EVERGREEN

EVERGREEN is an imprint of
TASCHEN GmbH

© 2002 pour cette édition :
TASCHEN GmbH
Hohenzollernring 53
D–50672 Köln
www.taschen.com

Titre original :
The Sacred Earth
All Rights Reserved
Copyright © 1995 Duncan Baird
Publishers
Text Copyright © 1995 Duncan
Baird Publishers
Artwork and Maps Copyright
© 1995 Duncan Baird Publishers
(for copyright in the photo-
graphs see acknowledgements
pages which are to be regarded
as an extension of this copy-
right)
Copyright in the French
language translation © 2002
Duncan Baird Publishers

Traduction de l'anglais :
Jérôme Bodin

Couverture :
Catinka Keul, Cologne

Printed in Singapore
ISBN 3–8228–1718–X

Table des matières

Introduction

Les vastes étendues du désert de Namibie rappellent irrésistiblement la mer, et inspirent une métaphore fréquente dans le folklore local, selon laquelle les paysages continentaux arides « rêvent de la mer ».

La plupart des hommes ont, depuis la préhistoire, entretenu une relation dynamique avec la Terre, perçue comme un être vivant et nourricier et comme une source sacrée de vitalité dont les représentations et éléments ont donné un sens à l'existence humaine. Selon les aborigènes d'Australie, la nature s'organisa en un schéma complexe de croyances sociales et religieuses mis sur pied lors d'un « temps de rêve », antérieur à toute mémoire, et durant lequel les puissances divines façonnèrent les contours du pays. Ailleurs (pour le shintoïsme, par exemple), les montagnes, les arbres, les rivières, et bien d'autres éléments naturels, sont profondément ancrés dans la vie spirituelle, et, en tant que tels, bien distingués de leur réalité matérielle. Nombreuses sont, en outre, les cultures pour qui la Terre, sa faune et sa flore, font partie intégrante de mythes destinés à expliquer les mystères de la naissance, de la vie, de la mort et des autres étapes fondamentales de l'existence humaine.

L'essor de la science newtonienne en Occident a eu pour conséquence de placer les relations entre les hommes et leur milieu naturel sous le signe de la peur. Le réchauffement du globe et la raréfaction des pluies tropicales sont devenus des problèmes planétaires.

Un nouveau terme scientifique à connotation écologique – la « biodiversité » – rend compte des diversités infinies de la nature, aujourd'hui en péril. Parallèlement, les sagesses ancestrales rattachées à l'astronomie méso-américaine ou au chamanisme amazonien, sibérien et arctique, sont actuellement, en Occident, l'objet d'un vaste engouement. D'une certaine manière, ce mouvement de sympathie renverse les schémas de pensée communément admis jusqu'ici au sujet des rapports entre le surnaturel et la science : celle-ci provoque désormais le scepticisme, tandis que les « mystères » ancestraux, acquièrent une nouvelle crédibilité ; les limites de l'intelligence purement cognitive sont reconnues, et une dynamique nouvelle sous-tend le désir de « saisir en profondeur » des phénomènes aussi étranges que les mégalithes d'Angleterre, l'art pariétal des grottes paléolithiques de la France méridionale et du nord de l'Espagne, ou encore les roues de médecine des plaines nord-américaines.

La modernité est tombée de son piédestal, et la déesse « technologie » n'est plus, désormais, synonyme de bienfait inconditionnel. La question de la place de l'homme dans l'ordre de l'Univers s'impose toujours davantage, jusqu'à devenir un thème d'étude récurrent de la nouvelle science, qui accorde une importance croissante aux notions de temps et d'origine cosmique, ainsi qu'au fascinant paradoxe du « principe d'Incertitude ».

En les éloignant des ressources naturelles élémentaires, le progrès technologique a coupé des millions d'hommes de leur environnement : l'électricité est acheminée par câbles d'acier, l'alimentation est conditionnée et emballée. Un tel éloignement permet difficilement aux hommes d'apprécier l'influence de la nature sur leur vie.

Tout autant que celui de la science, cependant, le rôle joué par les religions dans cette dénaturation des rapports de l'homme avec son environnement, a été dénoncé. L'éviction de la vieille Déesse-Mère chtonienne (la Nature), universelle et nourricière, par les dieux mâles et ouraniens (éviction symbolisée par la victoire d'Apollon sur le serpent Python, à Delphes, « nombril du monde ») est devenu un thème des attaques féministes contre les sociétés patriarcales. Une théorie corollaire et récurrente insiste sur les responsabilités des grandes religions de l'ère historique, qui ont toutes accordé la suprématie à un dieu unique, souverain ouranien et séparé de la création.

À un niveau plus prosaïque et profane, l'Occident ne perçoit dans la nature que son influence apaisante, équilibrant les paysages urbains et réaccoutumant l'œil à la vision lointaine.

Activité élémentaire et universelle, la marche permet de retrouver les cadences et les attentes de jadis, bien éloignées de celles que propose un monde moderne où les plages d'attention ne dépassent guère quelques minutes.

Plus profond et plus provocant, un réajustement identique se produit lorsque, avec intelligence et liberté d'esprit, son commence à s'interroger sur le sens du sacré que diverses cultures, éloignées de nous dans le temps et l'espace, confèrent à la Nature. Les mystères de la Terre sont aujourd'hui redécouverts au cœur des représentations symboliques ou des traditions écrites et orales, enchâssés dans une multitude de mythes, rituels et croyances.

Aborder de pareilles sources permet à l'imaginaire de s'ouvrir à ces « idées-forces » qui camperont toujours aux lisières de l'intellect, et auxquelles il est tentant d'appliquer le terme de « vérités » car elles obligent, par leur revigorante innocence, à reconnaître le fond instinctuel de l'homme.

La Terre et la Création

Les scientifiques expliquent l'origine de notre planète et de l'univers par une gigantesque explosion qui déchira le vide primordial voici des milliards d'années. Pour les conteurs traditionnels, au contraire, l'existence de la Terre résulte d'actions et de motivations portant souvent les marques d'une nature spécifiquement humaine.

Les mythologies faisant remonter l'origine de toute création à une déesse primordiale sont nombreuses. Selon les Grecs, Gé ou Gaïa, la Terre-Mère, fut engendrée par Chaos ; longtemps auparavant, les cosmogonies babyloniennes représentaient Tiamat, l'océan salé, comme un monstrueux dragon femelle dont il avait fallu triompher avant qu'un univers organisé pût apparaître.

La création recèle toujours une formidable intensité dramatique : selon un récit mythique, la terre a pu, au cours d'une bataille entre des géants cosmiques, être arrachée de force au ciel ; selon un autre, un petit animal a pu la sortir hors des profondeurs d'un vaste océan. Après l'apparition initiale du monde, une seconde étape du processus de la création transforma le visage de la Terre, avec l'émergence des montagnes, des gouffres et des vallées.

La plupart des récits de la création ne constituent qu'un prélude à l'apparition de l'homme : parfois, celui-ci émerge d'autres mondes ; parfois aussi, il est façonné par les divinités à partir de la substance même de la Terre.

Paysage forestier dans la brume : à l'ère préhistorique,
le phénomène de l'aurore, entraînant le lent retour de la couleur
et des contours visibles du monde, a pu favoriser l'éclosion
des grands mythes de la création.

La Formation de la terre

La création *ex nihilo* du monde est une croyance commune à beaucoup de cultures. Selon la tradition hébraïque, Yahweh ordonna la naissance des Cieux et de la Terre. Pour les Zunis d'Amérique du Nord, le grand dieu Awonawilona planait sur les nuées et tira le Soleil et la Terre de sa propre essence. Dans certaines traditions, les divinités créatrices participent activement aux affaires du monde, tandis qu'ailleurs, elles regagnent leurs royaumes lointains et abstraits.

L'union sexuelle des principes mâle et femelle constitue le fondement allégorique de bien des mythologies : l'ancienne Égypte fait état d'une hiérogamie entre la déesse ouranienne Nut et le dieu chtonien Geb (voir page 13). Reflet d'une fécondité commune à la nature et à la femme, la Terre passe souvent pour femelle. Selon une des versions du mythe créateur des Luisenos de basse Californie, rien n'existait au commencement du monde qu'un frère et une sœur, couchés l'un sur l'autre. Le frère désirait sa sœur et la féconda. Plus tard, celle-ci accoucha d'une petite quantité de terre et de sable : ce fut la première surface solide.

Symbole universel et puissant de fertilité, l'œuf exprime fréquemment le principe de la création. Selon de nombreuses légendes chinoises et japonaises, le jaune de l'œuf, entouré du blanc, représente la Terre flottant dans les eaux cosmiques. L'œuf symbolique contient aussi, de temps en temps, l'énergie latente de la création jusqu'à son éclosion : Ta'aroa, ancien dieu suprême de Tahiti, passe pour être né en brisant sa coquille. La création qui fait suite à un sacrifice est également un concept fréquemment répandu. Épuisé par l'effort fourni lors de la séparation du ciel et de la terre, le géant chinois Pan Gu se coucha pour mourir : les diverses parties de son corps formèrent alors les contours de la nature et des cieux.

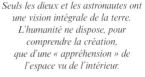

Seuls les dieux et les astronautes ont une vision intégrale de la terre. L'humanité ne dispose, pour comprendre la création, que d'une « appréhension » de l'espace vu de l'intérieur.

LE BIG BANG

Théorie propre à la fin du XXᵉ siècle, le Big Bang constitue la version scientifique de la création : l'origine de l'univers prendrait sa source dans une explosion thermonucléaire à l'échelle cosmique, survenue il y a 10 à 20 milliards d'années, et qui entraîna la dispersion des étoiles et planètes. On ignore toujours si cette expansion est continue, ou si, en fin de compte, l'univers se rétractera à nouveau en une terrible implosion, appelée par certains le Big Crunch.

De nombreux peuples perçoivent le tonnerre et les éclairs comme une expression de l'énergie divine créatrice. Les Mayas y voyaient la manifestation du dieu créateur Huracan, origine du mot « hurricane » : l'ouragan.

LA CRÉATION DU MONDE DANS LE SABLE

Au cours de l'important rituel de guérison pratiqué par les Navaros de l'Arizona et du Nouveau-Mexique et appelé *Male Shootingway*, l'homme-médecine et les proches du patient confectionnent une peinture sur sable représentant le Père-Ciel et la Mère-Terre, dont les symboles complexes figurent une re-création du monde, censée rendre au malade son harmonie physique et spirituelle. La hutte de boue traditionnelle - le hogan - des Navajos est entièrement vidée de ses objets domestiques, et le sol apprêté.

Une fois le lieu consacré, ils commencent à « peindre », à l'aide de sable, de pollens et de charbon de bois réduit en poudre (à droite). Les figures représentent les esprits créateurs, les objets et les événements tels qu'ils étaient au commencement des temps. Une petite coupelle d'eau disposée dans le sable de la Mère-Terre symbolise le lieu d'où les hommes passent pour avoir émergé. La représentation achevée, on relie les figures entre elles par un tracé filiforme en pollen de céréales qui rappelle la voie sacrée empruntée par tous les êtres surnaturels, et le chemin du patient en marche vers l'harmonie.

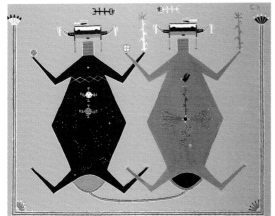

Cette représentation de la Mère-Terre (à gauche) et du Père-Ciel est l'une des quelque 600 peintures sur sable utilisées lors des rituels Navajos. Leur rôle est capital, lors des cérémonies de guérison qui peuvent durer trois jours et trois nuits. Après usage, elles sont purement et simplement balayées.

La Terre, le Ciel et le Cosmos

La croyance qui fait de la voûte céleste un lieu de séjour surnaturel des divinités et des forces cosmiques, qui influencent directement l'existence humaine, est largement répandue. L'ancienne cosmologie hébraïque voyait le firmament comme un dôme solide percé de fenêtres et surmonté par un dôme liquide, dominé par le paradis, demeure de Dieu.

Alors que les Babyloniens concevaient un royaume céleste à trois étages superposés, d'autres cultures en imaginaient quatre, sept et même davantage. La croyance en des cieux abritant des mondes parallèles, invisibles depuis la terre, est également fréquente. Ainsi, dans les mythologies huronne et iroquoise, c'est une femme, demeurant dans les hautes sphères célestes et nommée Ataentsic, qui engendra la race humaine en tombant sur la terre par un trou dans le ciel. Pour le peuple Navajo, le Rocher-haut-jusqu'au-ciel, situé près du Mont Taylor, s'éleva un jour si rapidement

Les croyances chinoises font découler les nuages de l'union du yin et du yang (les deux forces cosmiques dont l'interaction régit l'univers). Les divinités lancées à la poursuite de leurs amours et de leurs ennemis à travers les nuées peuplent l'imaginaire de nombreuses cultures. D'une manière plus générale, le ciel constitue le siège de toute activité invisible et indéfinie.

L'ORACLE DE LA SOURIS CHEZ LES BAOULÉS

Les Baoulés de Côte-d'Ivoire utilisent parfois une souris comme intermédiaire oraculaire. Un récipient en bois, figurant le cosmos et la consubstantialité intrinsèque des divinités célestes et terrestres, est partagée en deux parties égales – la haute représentant le ciel et la basse, la terre – ne communiquant que par un orifice. Créature supposée proche de l'asye, énergie sacrée de la Terre engendrée par Asye, l'esprit de la Terre, une souris fait office de messager. L'animal est placé dans le compartiment supérieur, d'où il gagne la partie basse. Disposant alors des petits os selon un certain schéma dans la moitié haute, le devin disperse des grains de riz en guise d'appât et couvre le récipient. Le décryptage de la nouvelle ordonnance des os, déplacés par la souris au cours de son repas, fournit la réponse demandée.

---

qu'il emporta le héros Jeune Frère dans le monde supérieur.

L'idée d'une unité originelle du ciel et de la terre, précédant leur séparation en deux entités distinctes, est une donnée mythologique aussi fréquente que constante. Selon les Égyptiens, le dieu de l'air Shu et la déesse de la moisissure Tefenet engendrèrent le dieu de la terre Geb et la déesse du ciel Nut : leur étreinte était si parfaite qu'aucun espace n'existait entre eux. Nut fut enceinte mais, la place manqua pour la grossesse jusqu'au moment où on les sépara. Une légende similaire se retrouve chez les Maoris : le dieu céleste Rangi et la déesse terrestre Papa furent séparés par leur progéniture.

L'image du Ciel et de la Terre reliés par un arbre cosmique dont les racines plongent dans les enfers et le faîte s'épanouit dans les cieux, est également très fréquente. Une corde ou un pont, rompus en des temps reculés par les transgressions des hommes, par la colère divine, ou par les deux à la fois, remplissent parfois le même rôle.

Le sentiment de dépendance par rapport aux puissances célestes, dépendance qui constitue la clé de voûte de l'astrologie, est une intuition religieuse quasi universelle. Ainsi, par exemple, nombre d'Africains et d'indigènes nord et sud-américains exposent leurs nouveau-nés au soleil et à la lune.

Le songe de Jacob, *de William Blake (1757-1827). L'échelle (escalier) conduisant au paradis exprime l'aspiration de l'homme au divin. « Voilà qu'une échelle était dressée sur la terre et que son sommet atteignait le ciel et que des anges de Dieu y montaient et descendaient », lit-on dans la Genèse. Les premiers auteurs chrétiens voyaient en chaque barreau une étape de la progression spirituelle.*

Races d'argile

Selon certains récits de la création, le premier homme fut façonné à partir de la boue, du sable ou de l'argile de la terre. Le dieu créateur tahitien Ta'aroa aurait utilisé du sable de l'archipel pour duper Ti'i, le premier homme, habitant originel d'une île bordée de plages, apparu fort logiquement « vêtu de sable ».

Pour la tribu Hopi d'Amérique du Nord, la Femme Araignée, tisserand suprême de l'univers, fila la Tribu originelle à partir des quatre couleurs de la terre – le jaune, le rouge, le blanc et le noir – et institua de ce fait le rituel de la peinture sur le sable (voir page 11).

Les matières premières provenant de la terre ne répondent pas toujours aux besoins de la création. Selon le *Popol Vuh*, grande saga guatémaltèque du peuple Quiché qui remonte au XVIe siècle, la grand-mère de tous les êtres vivants voulut créer l'homme à partir de l'argile et de la boue ; en raison de la malléabilité de ces deux matériaux, le résultat ne la satisfit pas entièrement et elle détruisit son œuvre.

L'ancienne déesse mésopotamienne, Mami, connut quant à elle, plus de succès : elle mélangea de l'argile et de la salive à la chair et au sang d'un dieu pour en tirer les sept premiers hommes et les sept premières femmes (description ci-contre dans la geste d'Atrahasis).

L'hétérogénéité des composants utilisés dans l'acte créateur témoigne de la grande importance accordée à la fusion intime et essentielle du matériel et du spirituel. La brique de boue, utilisée par Mami, prit toute son importance en raison du lien ainsi établi entre l'origine des êtres humains et leurs habitats, leurs villages et leurs lieux de culte. Est ainsi mis en valeur le caractère sacré des travaux les plus répétitifs de l'existence quotidienne.

Les anciens empereurs de Chine possédaient des armées immenses moulées en terre cuite et en taille réelle, qui devaient témoigner de leur pouvoir, les escorter et les protéger au cours de leur voyage dans l'au-delà.

LE FAÇONNAGE DE L'HUMANITÉ

La place accordée au travail routinier dans les mythes de création met en lumière l'influence de la vie quotidienne sur les croyances d'une société. Ainsi Khnoum, le dieu égyptien à tête de bélier, moula l'homme sur un tour de potier. Persuadées que Dieu fabrique les enfants dans les entrailles de la terre, les femmes du Rwanda ne se couchent jamais sans laisser de l'eau à sa disposition, afin qu'il puisse fabriquer le limon dont est pétrie l'espèce humaine. Les Babyloniens, eux, voyaient une analogie entre l'œuvre du potier et celle de la création de l'homme. « Nous sommes des pots fraîchement moulus », étaient des paroles d'initiation.

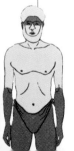

Avant une cérémonie initiatique, les danseurs aborigènes Tiwi des îles Melville et Bathurst, situées au large des côtes du Territoire-du-Nord en Australie, s'enduisent le corps des nombreux pigments colorés provenant de la terre.

MYTHE MÉSOPOTAMIEN DE LA CRÉATION : EXTRAIT DU RÉCIT D'ATRAHASIS

L'auteur de ce texte s'appelle Nur-Aya ; il le grava sur sa tablette d'argile au cours du règne d'Ammi-saduqa, roi de Babylone (1702 - 1682 avant J.-C.).

Au cours de leur assemblée, ils
[les grands dieux] égorgèrent Geshtu-e,
un dieu qui avait de l'esprit. Nintu mêla
de l'argile à sa chair et à son sang.
Ensuite, ils ne cessèrent d'entendre
le battement d'un tambour.
Un esprit naquit de la chair du dieu,
et elle [Nintu] affirma qu'il était vivant.
L'esprit existait afin qu'on n'oublie pas [le dieu
assassiné]. Après avoir mélangé cet argile,
elle appela les Anunaki, les grands dieux.
Les Igigi, les grands dieux, crachèrent de
la salive sur l'argile. Mami [Nintu] durcit
sa voix et parla aux grands dieux :
« J'ai parfaitement accompli le travail
que vous m'avez confié. Vous avez égorgé
un dieu avec son esprit. Je vous ai soulagé
d'un travail difficile, j'ai transféré
votre fardeau sur l'homme. Vous
avez répandu le bruit sur l'humanité.
J'ai détruit les chaînes et accordé la liberté. »
Ils écoutèrent son discours et furent libéré
[de la peur], et baisèrent ses pieds :
« Nous avions l'habitude de t'appeler Mami
mais désormais ton nom sera Maîtresse de tous
les Dieux. » Enki le prévoyant et Mami la rusée
entrèrent dans la chambre du destin.
Les déesses-mères étaient rassemblées.
Il piétina l'argile en sa présence ;
elle continuait de réciter une incantation
car Enki, demeurant face à elle,
la lui fit réciter. Lorsqu'elle eut fini
son incantation, elle arracha quatorze
morceaux [d'argile], [et assembla] sept morceaux
sur la droite, sept sur la gauche. Entre les deux,
elle installa par terre une brique de boue.
Elle fit usage d'un roseau, le fendit afin
de couper le cordon ombilical, appela
à elle les déesses-mères rusées et bien
informées sept par sept. Sept créèrent
les mâles, sept créèrent les femelles,
car la déesse-mère [est] créatrice de destin.

Source : Tablette 1 d'*Atrahasis*, traduite par Stephanie Dalley in *Myths from Mesopotamia*, Stephanie Dalley, Oxford University Press, 1989, pp.15-17. Avec l'autorisation de l'auteur.

La Déesse-Mère originelle

L'idée d'une « mère nature » s'enracinant dans une lointaine religion préhistorique ordonnée autour d'une toute-puissante déesse-mère (la Terre-Mère ou Grande Déesse) fait aujourd'hui recette en Occident.

Les connotations antipatriarcales de ce mouvement d'idée comme ses liens avec la défense de l'environnement, séduisent aussi bien les féministes que les écologistes.

À en croire certains érudits, la première divinité connue fut en effet une déesse qui créa le monde à partir de sa propre substance ; la religiosité des origines vénérait donc cet être suprême ; par voie de conséquence, les sociétés primitives étaient matriarcales. L'essentiel de cette hypothèse repose sur l'art pariétal des grottes préhistoriques, et sur les poteries et les sculptures de la même époque.

Ainsi, la « Vénus », dite de Laussel, découverte en Dordogne, tout comme les nombreuses statuettes similaires (voir ci-contre) laisse fortement supposer que le couple femme/fertilité était reconnu et célébré dès le paléolithique.

Les cuisses exagérément larges de cette figurine anatolienne, vieille de six mille ans, laissent penser qu'elle a été associée à des rituels de fertilité.

Toutefois, ces figurines ne constituent pas des preuves de l'existence d'un culte originel centré sur une Terre-Mère. Toute extrapolation – dont certains ne se sont pas privé – tendant à réduire les plus anciennes sociétés à des modèles matriarcaux relève, au mieux, d'une pure spéculation.

Au cours du néolithique tardif, le développement des sociétés agraires influença logiquement une religiosité faisant la part belle à la notion de fertilité. Lors des campagnes de fouilles qui se déroulèrent, au cours des années soixante, sur le site anatolien de Catal Hüyük (6500-5700 av. J.-C.), on découvrit dans un coffre à grain situé non loin d'un sanctuaire, une statuette féminine, assise sur un trône, paraissant accoucher et flanquée de léopards.

Il n'en fallut pas plus à certains pour y voir la confirmation évidente d'un culte fondé sur la Déesse-Mère. D'autres, toutefois, estimèrent qu'il s'agissait d'une déesse mineure de la fertilité : la position de ses mains, paraissant reposer affectueusement sur la tête des léopards, incita quelques spécialistes à voir en elle une Maîtresse des animaux.

À l'âge du bronze, la civilisation minoenne de Crète (vers 1400-1100 av. J.-C.) vit s'élever les temples-palais de Cnossos, Gournia, Phaistos et Mallia.

Tous édifiés au cœur de paysages semblables, ceux-ci paraissaient constituer une partie d'un grand corps féminin : deux collines et un mouvement de terrain légèrement bombé dans le voisinage figuraient les seins et le ventre. Si elles ne constituent nullement la preuve d'un culte exclusif voué à une déesse suprême, ces configurations suggèrent tout de même que les Minoens reconnaissaient une puissance féminine sacrée œuvrant dans le monde.

Sculptée en 1976-1977 par James Pierce dans une exploitation agricole du Maine, cette Terre femelle, *herbue et longue d'environ dix mètres, traduit la fascination exercée par la grande déesse primordiale.*

LES FIGURINES DE TYPE « VÉNUS »

Les figurines de type "Vénus" apparurent dans toute l'Europe au cours du paléolithique supérieur (35000 - 10000 av. J.-C.). Sculptées dans la pierre, l'os ou l'ivoire ou moulées dans l'argile, nombre d'entre elles, comme celle de Willendorf, représentent des idoles dénudées, aux formes plantureuses et à la stéatopygie nettement marquée. Elles établissent un rapport fondé sur les lois de la sympathie magique entre la fertilité du sol et la fécondité féminine. Ces statuettes ne possèdent pas de pieds et leurs jambes s'effilent vers le bas, ce qui permet de supposer qu'elles étaient plantées dans une terre meuble pour être vénérées. Certains savants ont pu, toutefois, considérer qu'une position assise ou couchée, permettant un contact direct avec le corps de la Terre, convenait mieux aux lourdes silhouettes de ces femmes.

On ne peut exclure l'hypothèse selon laquelle ces figurines constituaient, plutôt que des idoles, des emblèmes destinés à cimenter les liens communautaires entre groupes de chasseurs très mobiles à la fin de l'ère néolithique. On ne peut non plus exclure que certaines d'entre elles aient représenté des femmes de cette époque. Les archéologues ont, en effet, mis à jour des centaines de stèles funéraires, ornées de dessins datant de la même époque : certaines représentations semblent très typées et hautement personnifiées.

Sculptée dans le calcaire et mesurant un peu plus de 10 cm, la Vénus de Willendorf (Autriche) est vieille d'au moins 25 000 ans.

Les déesses européennes

Plusieurs divinités féminines appartenant au monde méditerranéen antique sont considérées comme des hypostases de la « Grande Déesse ». Ainsi, en Grèce, Gaïa, Théa, Déméter et Héra avaient en commun de nourrir les enfants, de protéger la fertilité et, plus globalement, de symboliser l'union avec la nature.

Originaire de la Phrygie, région d'Asie mineure aujourd'hui turque, Cybèle constitue sans doute le meilleur archétype de la Terre-Mère suprême. Devenue *Magna mater* chez les des Romains, son influence était telle qu'en 204 av. J.-C., sur ordre de l'oracle de Delphes, on transporta sa statue par voie maritime de Pergame à Rome, afin de protéger la cité du Latium, alors en guerre contre Carthage. Une certaine ambivalence caractérisait pourtant cette déesse : d'un côté, ses prêtres auto-émasculés et les orgies débordantes liées à son culte extatique semblaient totalement étrangers à la tradition romaine ; de l'autre, son lieu de naissance, proche de la ville de

Troie, berceau légendaire de la « race » romaine, en faisait une divinité nationale.

L'expansion du christianisme favorisa la suprématie d'un culte public rendu à une divinité suprême mâle. Cependant, la religiosité populaire, tout comme les croyances paysannes, permit de garder le souvenir de la Terre-Mère en dehors de l'Église. Sous le nom de Berecynthia, Cybèle fut honorée jusqu'à une époque très avancée de l'ère chrétienne : au VIᵉ siècle encore, Grégoire de Tours avait pu observer des paysans gallo-romains promenant sa statue autour de leurs champs afin de protéger leurs récoltes.

Et de même, à Éleusis, en Attique, les paysans grecs continuèrent, jusque dans les temps modernes, à vénérer Déméter, maîtresse de la Terre et de la Mer.

Héritant de Cybèle, que les Grecs nommaient *Meter Theon*, la Grande Mère des dieux, la Sainte Vierge Marie fut officiellement déclarée mère de Dieu en 431 de notre ère. Le concile qui proclama ce dogme marial se tint à Éphèse, ville où les Grecs honoraient déjà leur ancienne déesse.

Procession mariale du vendredi saint à Guatemala City. Les feuilles et les fleurs qui ornent le char de la Vierge rappellent peut-être un rite de fertilité.

Sur la frise orientale du Parthénon (447-438 av. J.-C.) à Athènes : la Déesse-Mère Déméter avec les dieux Hermès, Arès et Dionysos.

Le culte de la bienheureuse Vierge Marie se répandit alors très rapidement dans la chrétienté, et fleurit encore abondamment de nos jours. Marie adopta, en différents lieux où on l'honorait, bien des attributs des déesses préchrétiennes ; plusieurs de ses sanctuaires s'élèvent d'ailleurs sur des emplacement, d'anciens temples auparavant consacrés à des divinités féminines païennes. Ainsi, le patriarche de Constantinople, Epiphanus, put voir, au IVe siècle, des femmes d'Arabie faire des offrandes à la Vierge Marie dans un sanctuaire où leurs propres ancêtres avaient, jadis, vénéré la déesse proche-orientale Astarté.

Au Mexique enfin, la population accepta la Vierge de Guadalupe comme symbole national, par assimilation de celle-ci avec une hypostase de Tonantsi, la Déesse-Mère des Aztèques.

LE CULTE
DE SAINTE BRIDE

Au IXe siècle, un évêque irlandais compila une liste de saints et y glissa le nom de l'ancienne déesse Brighid. On connaît peu de choses au sujet de cette déesse, hormis son caractère de déesse-terre. La légende reconnaît une "triple Brigitte", dont chaque figure symbolise un aspect de la divinité et la rattache à la déesse-mère des trois dieux fondamentaux celto-bretons et gaulois.

Sous l'influence du christianisme, au Ve siècle, le culte d'une sainte portant le nom de la déesse (connue sous le nom de Bride ou Bridget) commença de se répandre parmi les Irlandais, qui célébraient sa fête le 1er février, le jour même de l'ancienne solennité païenne de l'imbolc (purification),

Minerve et les Muses, par Hans Jordaens (1595-1644). La déesse romano-celtique Minerve est identifiée à Brighid.

associée à l'allaitement des brebis. Sainte Bride hérita d'autres attributs de la déesse : ses vaches donnaient un lac de lait, ses vivres étaient inépuisables et une seule mesure de son orge suffisait à produire assez de bière pour faire la tournée de ses églises sans risque d'en manquer. La croyance populaire fait de sainte Bride la patronne des foyers, des accouchements et des troupeaux de moutons. Elle est aussi la nourrice du Christ.

La femme divinisée

*Manuscrit du XIᵉ siècle reproduisant la déesse Terre
sous les traits de la Nature émergeant du sol.*

Au cours du XIXᵉ siècle, une conception romantique et peu consistante de la Terre-Mère servit à étayer le culte largement répandu d'une féminité idéalisée. La stratégie de récupération d'une idéologie centrée sur une Déesse-Mère primordiale, employée aujourd'hui par les femmes d'Occident comme moyen de légitimer leur pouvoir, en constitue un parallèle ironique.

Elles ont cherché une inspiration dans le culte de Cybèle, la Magna mater de Rome terrifiante et destructrice, mais aussi nourricière, ou dans celui de Kali, la divinité indienne à la fois redoutable et bienveillante.

Précisément parce qu'elles englobent tous les visages et toutes les contradictions de la féminité, tout comme la nature elle-même se révèle aussi bien créatrice que destructrice, les grandes déesses-terre symbolisent une libération aux yeux de nombreuses femmes.

À l'inverse, le christianisme est parfois ressenti comme une réduction des notions culturelles de féminité partagée entre le personnage terrestre, charnel, d'Ève la tentatrice et celui, immaculé, de la Vierge Marie, pour qui la naissance résulte d'un processus extra-naturel.

La déesse-terre personnifie, dans bien des sociétés tribales, la naissance, la mort et la renaissance, le cycle sans fin avec lequel l'humanité doit apprendre à se réconcilier ; elle ne nie pas la mort en promettant une vie éternelle, mais l'exalte en tant que partie intégrante d'un rythme naturel.

Symbolisant à la fois la vitalité et son contraire, la Terre-Mère des Ibos du Nigéria est souvent représentée tenant un large couteau.

De même, dans le panthéon mythologique des Hurons d'Amérique du Nord, la déesse Yatahentshi était aussi bien la mère de l'humanité que la gardienne du royaume des morts.

L'ancienne ville anatolienne de Catal Hüyük compte plusieurs sanctuaires dont les murs comportent des seins de femme sculptés en relief ; étranges et suggestives, ces formes ont été modelées autour de crânes de vautours, de renards et de belettes, tous animaux nécrophages, dont les becs et les dents pointus figuraient les mamelons. La mort et la féminité semblaient ainsi associées.

L'immense intérêt porté aujourd'hui à la Déesse-Mère primordiale traduit une vision du monde résultant, non pas d'éléments antagonistes, mais bien d'un processus en expansion continuelle. Le sacré, en effet, est bien davantage perçu aujourd'hui comme une notion immanente plutôt que transcendante.

Vantant les mérites de la cuisine idéale des années cinquante, cette publicité, qui montre une femme jouant son rôle de « fée du logis » (la glace est ici son élément), fourmille de symboles féministes et de contradictions.

Comme dans de nombreux autres domaines de la philosophie, L'intrusion de la logique intuitive provoque sur ce sujet des controverses passionnées.

LES DÉESSES AUX SERPENTS

Les déesses-terre néolithiques étaient souvent représentées brandissant des serpents, antiques symboles de guérison et de fertilité. Elles furent néanmoins lentement détrônées à mesure que les panthéons masculins l'emportaient sur les cultes de la nature.

Assimilé à la déesse-terre Gaïa, le service de l'oracle de Delphes était assuré par la Pythie, qui pratiquait ses divinations assise sur un trépied autour duquel s'enroulait le serpent chtonien Python ;

Une déesse aux serpents perse.

d'après un mythe fondateur, ce dernier fut tué par Apollon, qui usurpa le sanctuaire. C'est ainsi qu'un dieu ouranien, associé à la maladie (mais aussi à la guérison, ce qui complique la question), vainquit une hypostase de la guérison et de la fertilité.

L'apparition de dragons et de serpents dans les récits mythiques (comme dans le poème babylonien de la création : voir page 8) révèle peut-être, sous forme d'allégories subliminales, les traces d'une très ancienne religion matriarcale.

Le corps de la terre

La topographie interprétée comme description anatomique du corps d'un être suprême surnaturel renforce concrètement et puissamment la foi en l'essence vivante de notre planète.

Pour les Thompsons de Colombie-Britannique, le monde présent résulte d'une lointaine transformation de la Terre-Femme : ses cheveux devinrent les arbres et l'herbe ; sa chair devint le sol ; ses os, les rochers et son sang, l'eau.

Le poème babylonien de la création raconte comment le dieu Marduk tua Tiamat, la déesse du chaos liquide, puis la coupa en deux « comme un poisson à sécher » ; d'une moitié, il fit l'arche de la voûte céleste, et de l'autre moitié les montagnes ; puis il la perça

Groupe de jeunes filles bretonnes dansant autour d'un menhir à connotation phallique dans l'espoir d'assurer leur fécondité au début du XXᵉ siècle.

pour former les cours d'eau.

Ymir, le géant primordial de la mythologie scandinave, naquit un jour de l'union de la glace et du feu, et il créa la terre avec son corps, les mers avec son sang, les cieux avec son crâne.

Il n'est pas très surprenant que les cultures considérant la Terre comme une parente lui confèrent un pouvoir nourricier direct et physique. Selon la légende aztèque du Soleil, les premiers Mexicains seraient nés dans une grotte et auraient été allaités par Mecitli, l'esprit de la Terre. Un mythe de l'ancienne Égypte décrit également la déesse-mère Hathor sous la forme d'une vache dont le lait avait le pouvoir de générer la vie.

Utilisation d'une anfractuosité dans la représentation d'une silhouette féminine sur un site préhistorique du Canada.

Grottes et fractures de rochers sont, dans bien des régions du monde, assimilées aux organes sexuels de la femme (ou constituent parfois les issues du monde infernal). Cavité rocheuse naturelle, le temple de Kamakhya Devi, en Inde orientale, symbolise, pour les hindous, le vagin d'une déesse dont les menstruations passent pour n'apparaître qu'une fois l'an, au cours d'une fête donnée en son honneur.

L'art rupestre, dans lequel un peintre ou un sculpteur a utilisé une fente naturelle du rocher comme symbole d'une vulve avant de l'incorporer dans son œuvre, témoigne également de cette association directe et physique entre la nature et les divinités

Les monolithes et les pierres levées sont souvent perçus comme des symboles phalliques. Voyant dans les menhirs une concentration de la puissance sexuelle des mâles, les paysannes bretonnes qui n'avaient pas encore de progéniture s'y rendaient en pèlerinage et leur offraient des prières dans l'espoir d'améliorer leur fertilité et de mettre au monde un enfant. Parmi les nombreuses associations entre divinité et virilité, le dieu indien Shiva est représenté par une petite colonne phallique, appelé linga.

Les pierres « mâles » et « femelles » du site de Manan-Tol, près de Morvah, en Cornouailles, au sud-ouest de l'Angleterre, propagent, aux yeux de nombreux adeptes du « Nouvel Âge », des énergies terrestres dotées d'un pouvoir guérisseur.

LE SIPAPU

Selon les Hopis d'Amérique du Nord, les hommes ont, à l'origine, émergé des entrailles de la terre par un orifice appelé le *sipapu*. Au cours de la cérémonie dite *wuwuchin*, qui célèbre la renaissance, ce drame de l'émergence est rejoué tous les quatre ans, lors d'un rituel secret qui se tient dans une hutte voûtée et sacrée – la *kiva* – personnifiant la Terre-Mère. Un petit orifice au centre de la hutte représente le *sipapu* et une échelle conduisant à une autre orifice situé au plafond symbolise le cordon ombilical relié à l'autre monde. La cérémonie est souvent associée à un rite de puberté.

LE BIENHEUREUX PHALLUS

À Pétra (Jordanie), capitale de l'ancien royaume nabatéen qui connut son apogée entre 150 av. J.-C. et 150 ap. J.-C., deux obélisques se dressent au sommet d'une colline de grès (photo de droite). Les Nabatéens, qui venaient d'Arabie et occupaient un espace compris entre l'actuelle Syrie et l'Arabie Saoudite, creusaient les parois rocheuses et en faisaient

Les colonnes jumelées de Zibb Attuf

des colonnes, hautes d'environ 6 m et distantes l'une de l'autre de 30 m, qui semblent avoir une signification religieuse et représenter les divinités mâle et femelle Dusarès et Al Uzza. Ces colonnes étaient sans doute des symboles de fertilité ; les Bédouins d'aujourd'hui connaissent le site sous l e nom de Zibb Attuf, le « lieu du bienheureux phallus », qui suggère bien la persistance d'un symbolisme sexuel traditionnel.

Le nombril du monde

De forme ovoïde, la pierre la plus sacrée de la Grèce antique se dressait autrefois dans la crypte du temple d'Apollon à Delphes, situé sur le versant méridional du mont Parnasse.

Selon le poète grec Hésiode (VIIIᵉ siècle av. J.-C.), elle y avait été placée là par Zeus lui-même. Elle se trouvait près d'un grand trépied sur lequel trônait la Pythie, fidèle servante d'Apollon, qui délivrait peut-être ses réponses oraculaires sous l'effet d'une incubation de vapeurs narcotiques émanant des profondeurs de la Terre, après avoir bu une boisson rituelle, le *kukeôn*. Les Grecs associaient cette pierre au corps de la déesse Gaïa, la Terre elle-même, et la considéraient comme le centre du monde, l'*omphalos*, ou nombril.

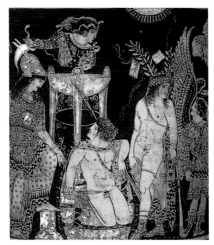

L'omphalos de Delphes, où la Pythie rendait ses oracles.

Lieu traditionnel de la Transfiguration du Christ, le dôme du mont Thabor passe pour un centre spirituellement chargé d'énergie.

Un autre *omphalos* existait sur l'île de Crète, terre sacrée sur laquelle le cordon ombilical de Zeus était, disait-on, tombé après sa naissance. Réconciliant en ces lieux – Delphes et la Crète – le dieu suprême Zeus et la déesse Terre Gé, ces deux pierres ombilicales étaient considérées comme la source duelle de toute l'énergie créatrice du monde, c'est-à-dire la source de vie elle-même.

Les reliefs du paysage, et notamment certaines montagnes isolées dont le sommet s'élève vers la voûte céleste, peuvent symboliser le « centre du monde ». Ainsi du mont Gérizim, en Palestine, dans les textes hébreux ou bien le mont Thabor dont le nom vient du mot hébreu *tabur*, qui signifie « nombril ». Le rocher sur lequel fut bâtie Jérusalem représente également une sorte de nombril : selon la tradition juive, il était le centre spirituel de la Terre sainte, le pivot de la création ; les musulmans y voient un lieu sacré en raison de l'ascension de Mahomet. Un arbre, une colonne ou un autre épicentre symbolique peut constituer à lui seul un centre cosmique : inscrit dans le paysage, celui-ci est le garant d'un monde où l'harmonie et l'ordre possèdent une signification positive.

Les centres symboliques du monde sont, potentiellement, aussi nombreux que les groupes sociaux.

Ainsi, pour les tribus indiennes Tewa des Pueblos, par exemple, chaque village est considéré comme un microcosme de l'univers. Celui-ci est encadré, aux points cardinaux, par quatre montagnes sacrées, par quatre collines sacrées, par quatre temples, par quatre espaces *intra muros* réservés à la danse, et au centre se trouve le point le plus sacré de tous, connu sous le nom de « nombril de la terre-mère ».

Le Dôme du Rocher à Jérusalem (ci-dessus), que les musulmans révèrent comme le centre du monde.

VOYAGE AU CENTRE DE LA TERRE

Considéré comme le père de la science-fiction, le très célèbre écrivain français Jules Verne (1828-1905) fonda ses romans sur des théories scientifiques plus ou moins farfelues et sur des inventions ou des récits de voyageurs, manifestant une imagination féconde et un attrait pour les espaces géographiques inexplorés.

L'*omphalos* est donc un motif récurrent. Le plus célèbre ouvrage de Jules Verne, *Voyage au centre de la Terre* (première édition en 1864), est une épopée géologique où le génie caractéristique de l'auteur allie la curiosité scientifique au sens du fantastique.

La théorie de l'Américain John Cleves Synmes, selon qui la terre était creuse, composée de cinq sphères concentriques et possédait aux deux pôles des ouvertures larges de plusieurs kilomètres, influença considérablement l'auteur.

Intimement liée à cette conception, celle de Charles Sainte-Claire Deville (1814-1876), célèbre géographe et géologue français et grand ami de Jules Verne, qui imaginait tout un réseau souterrain reliant les différents volcans européens.

LES NOMBRILS MÉGALITHIQUES

Tant dans leur construction que par leur décoration, nombre de monuments mégalithiques européens font explicitement référence à l'anatomie masculine et féminine. L'allée couverte de Gavrinis, petite île située dans le golfe du Morbihan, en Bretagne, comporte vingt trois pierres levées entièrement décorées d'incisions complexes et abstraites, formant un ensemble d'arcs de cercle, concentriques et de taille croissante, s'évasant à partir d'un point central en forme de vulve. Certains chercheurs ont cru pouvoir y distinguer un ventre surmonté d'un *omphalos* proéminent, ayant pour fonction de mettre les morts en contact avec le nombril de la Terre.

Le tumulus de Silbury Hill, dans le Wiltshire, en Grande-Bretagne (voir pages 106-107), pourrait également ressembler au ventre d'une déesse dont l'*omphalos* serait représenté par le sommet circulaire de la colline.

Une allée couverte ornée de décorations à Gavrinis (Bretagne)

Les hommes et les éléments naturels

L'idée que l'homme est un « microcosme » de l'univers est très largement répandue. Dans le droit fil de cette conception, qui fonda toute la tradition alchimique européenne, c'est la combinaison des quatre éléments primaires (Terre, Air, Feu et Eau) qui produisit l'ensemble des phénomènes naturels. Quatre fluides ou humeurs (voir ci-contre, en bas) leur étaient associés dans le corps humain.

Selon le mithriacisme, religion à mystères venue de Perse et très populaire dans l'Empire romain, l'homme ne pouvait atteindre la connaissance (spirituelle) avant d'avoir dominé les éléments. L'initiation imposait au candidat de se soumettre à des rituels mettant en jeu les quatre éléments : chacun était destiné à éprouver les différents aspects de sa nature. Fondée sur un corpus de quarante-deux livres de sagesse mystique – dont l'origine s'échelonne entre le IIIᵉ siècle av. J.-C. et le Iᵉʳ ap. J.-C. – et attribué au divin maître Hermès Trismégiste (le « Trois fois Grand »), la doctrine hermétique privilégie

Peinture indienne remontant au début du XIXᵉ siècle montrant le dieu Vishnou personnifiant le monde.

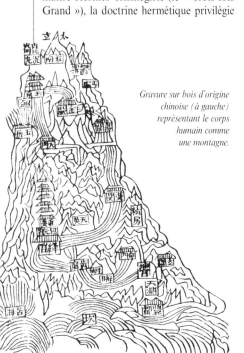

Gravure sur bois d'origine chinoise (à gauche) représentant le corps humain comme une montagne.

l'idée selon laquelle, pour atteindre la perfection, l'homme doit refléter les éléments plus que les dominer. *La Table d'Émeraude* énonce que : « Ce qui est en haut est comme ce qui est en bas, et ce qui est en bas est comme ce qui est en haut ». Une vision de l'homme comme reflet de Dieu, et contenant en lui l'essence, la *prima materia* de l'univers, constitue le principe de base de l'alchimie. Spirituellement et physiquement, l'humanité se trouve donc reliée aussi bien à la nature qu'au ciel, source de la sagesse et de l'intelligence divine.

Un mythe chinois raconte comment le monde organisé jaillit du corps du géant cosmique Pan Gu : ses larmes créèrent les rivières ; le vent naquit de son souffle puissant ; le tonnerre, de sa voix ; l'éclat de ses yeux engendra les éclairs. Ses yeux devinrent le soleil et la lune, tandis que

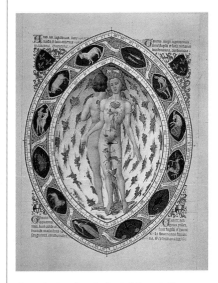

Cette enluminure française du XVᵉ siècle montre l'homme comme un microcosme de la voûte céleste : à chaque signe du zodiaque correspond une partie du corps.

d'autres parties de son corps formèrent cinq montagnes sacrées.

Le symbolisme du cœur est également caractéristique de ce type de conception du monde. Premiers chants sacrés des Indes, les *Védas* décomposent celui-ci en régions symboliques et organisées : dans sa « fleur de lotus », un petit jardin secret contient le ciel, la terre, le soleil, la lune et les étoiles. Le taoïsme, lui, situe le cœur entre le Ciel (la tête) et la Terre (l'abdomen), et sa transmutation en brasier ardent est censée donner l'immortalité à son détenteur.

Selon un concept cher à la tradition chinoise, les cinq éléments du taoïsme – l'Eau, le Feu, le Bois, le Métal et la Terre –, composent l'univers. Les Indes adoptèrent une organisation similaire dans laquelle Akaska (l'éther), Apas (l'eau), Vayu (l'air), Tejas (le feu) et Privithi (la terre) étaient perçus comme des « états de vibration cosmique ».

LES ÉLÉMENTS ET L'ALCHIMIE

Quatre fluides ou humeurs se partageaient traditionnellement le corps humain : la Mélancholia ou Bile noire (Terre), le Sang (Air), la Colère (Feu), le Phlegme (Eau). À chacun étaient attribuées diverses qualités physiques et psychiques. La prépondérance quantitative de l'un d'eux déterminait le caractère de la personne ou de la chose. La Terre et l'Eau symbolisaient, généralement, le principe féminin ; l'Air et le Feu, le pôle masculin. La Terre représentait aussi la stabilité, l'obscurité et la matérialisation des pouvoirs cosmiques : ainsi, une personne chez qui dominait l'humeur

« Melancholia » était dite de tempérament mélancolique. De la même façon, les hommes étaient classés en type « sanguins », « colériques »

Gravure du XVIᵉ siècle expliquant la relation entre les éléments et les tempéraments.

ou « phlegmatiques », selon l'humeur correspondante qui prédominait en eux.

L'alchimie européenne englobait les quatre éléments dans un cinquième, d'essence plus pure - la quintessence - qu'Aristote distinguait des autres. On ne peut manquer d'être frappé, ici, de l'analogie avec la notion orientale de prana, l'énergie de l'éther.

L'alchimie utilise souvent des symboles animaliers : à l'aigle correspond l'air ; au phénix, le feu ; au dauphin, l'eau. Le lion et le serpent sont tous deux symboles de force brutale, primaire : le lion est parfois représenté comme engloutissant le soleil (principe mâle).

Le retour de Gaïa

Il est fréquent aujourd'hui d'entendre affirmer que la dévalorisation des valeurs « femelles » de compassion et d'intuition, a profondément et dangereusement éloigné le monde de son ordre naturel. L'origine de ce glissement s'enracine dans l'histoire de la science, et plus particulièrement dans le développement d'une vision mécaniste de l'univers au cours du XVIIᵉ siècle. L'influence de la révolution scientifique prévaut encore, et nombreux sont ceux qui estiment qu'elle conduit l'Occident à infliger de graves dommages à la terre en encourageant les hommes à considérer la nature comme un objet inanimé, capable de supporter la pollution et d'autres atteintes à l'environnement.

Toutefois, aujourd'hui, une approche holistique de la question semble émerger, qui présente la terre comme un organisme en développement, dont les différentes composantes s'équilibrent en des mécanismes complexes tout comme les cellules, organes, système nerveux et autres éléments forment l'ensemble du corps humain.

Au cours des années 1970, le biochimiste anglais James E. Lovelock émit une

Selon le poète italien Boccace (1313-1375), Gaïa Cyrilla, que l'on voit ici, feignait d'ignorer son éducation noble et sa féminité pour s'adonner au tissage. Comme la déesse grecque du même nom, cette héroïne incarne des valeurs que la culture occidentale a longtemps perçu comme spécifiquement féminines.

hypothèse baptisée « Gaïa » (du nom de la déesse-mère des Grecs), selon laquelle la terre est un organisme vivant, autorégulé, et réagissant aux menaces qui lui sont imposées de manière à pouvoir maximiser ses propres chances de survie. Lovelock publia ses travaux en 1979 dans un ouvrage retentissant : *Gaïa, A New Look at Life on Earth*. Le savant y démontre que le vivant et l'environnement évoluent ensemble, de manière complémentaire, permettant d'engendrer une organisation constamment équilibrée. Ainsi, le subtil dosage de l'oxyde de carbone atmosphérique et de l'oxygène utilisés par les organismes vivants crée les conditions du développement de la vie. Lovelock explique encore comment la concentration de sel dans les océans est demeurée stable depuis l'apparition des mers : les quantités qui y sont ajoutées égalent toujours celles qui s'en évaporent (l'assèchement des lagons en fournit un exemple). Seul cet équilibre constant rend possible le maintien de la vie marine.

L'analyse de ce vaste mécanisme naturel met aussi bien en lumière l'insignifiance des hommes, en termes planétaires, que le prix très élevé à payer lorsque les sociétés humaines abusent de leur pouvoir pour modifier leur environnement.

On peut paraphraser Lovelock en affirmant que Gaïa est une déesse aussi bienveillante que rigoureuse, rendant la terre douce à ceux qui se conforment à ses lois, mais inflexible pour ceux qui les transgressent. L'idée selon laquelle la survie de l'humanité dépend d'un organisme plus vaste que l'espèce humaine, et qui n'hésiterait pas à sacrifier celle-ci pour sa propre sauvegarde, est devenue un des thèmes majeurs du mouvement écologiste. L'affinité existant entre l'hypothèse « Gaïa » et les coutumes des peuples primitifs à l'égard de la terre est une évidence aux yeux de beaucoup qui rappellent l'avertissement proféré au milieu du XIXe siècle par le grand chef indien Seattle : « La Terre n'appartient pas à l'homme ; l'homme appartient à la Terre… Ce n'est pas l'homme qui a tissé la toile de la vie, elle n'est pas à lui, il n'en est qu'un brin. Quoi qu'il fasse à la toile, c'est à lui-même qu'il le fait. »

LE NOUVEL ÂGE DE LA DÉESSE GAÏA

Les adeptes du mouvement « Nouvel Âge » soutiennent les implications holistiques de l'hypothèse Gaïa.

Ils considèrent la vie comme un tissu relationnel et estiment que l'avenir de l'humanité dépend étroitement de sa coexistence équilibrée avec l'environnement. Nombre de ceux qui partagent ce point de vue font des tribus indigènes nord-américaines un paradigme d'équilibre et de profondeur, dans les rapports qu'elles établissent entre la Terre et les sociétés humaines. Cette appropriation des rites indigènes nord-américains

La danse du Soleil des Indiens Sioux, *dessin exécuté par Short Bull en 1912*

comme moyen de parvenir à vivre en relation plus étroite avec Gaïa, la nature brute, est fortement teintée de romantisme.

D'autres adeptes du « Nouvel Âge » s'inspirent d'une hypothèse Gaea, développée en Californie par Otto Zell.

Selon ce dernier, Gaea (appellation latine de Gaïa) est l'archétype de la déesse-mère, au culte de laquelle il voua son mouvement en 1970, à la suite d'une vision – donc bien avant la publication de Lovelock

Déçus par le matérialisme, un nombre croissant d'Occidentaux se tournent vers les cultures indigènes américaines dans l'espoir de « retrouver le contact avec la nature ».

Nature et chemins de l'esprit

Racontée par les hommes de science ou par les chamanes, l'histoire de la Terre toujours est celle de bouleversements tumultueux, qui ont laissé des traces à la surface de la planète.

La plupart des cultures ont souscrit à l'idée selon laquelle des entités surnaturelles auraient arpenté le monde en des temps très reculés, le transformant au gré de leurs pérégrinations, façonnant les lacs, les montagnes, les affleurements rocheux et les mers. Il serait même encore possible de reconnaître leurs lieux de séjours et de repos. Les traces supposées de ces ancêtres mythiques et héros civilisateurs contiennent toujours une forte charge émotionnelle, et leur symbolisme entre pour une part importante dans la cohésion et l'identité d'une culture (ou d'une nation).

Aux yeux des sociétés fortement imprégnées de sacré, aucune parcelle de terre ne se réduit à un simple espace géophysique : par un biais ou par un autre, tout lieu est sacralisé. Survolant divers modèles socioculturels, le présent chapitre explore les manifestations variées de cette sacralisation du milieu naturel.

À l'image de ces ravins aux formes tourmentées du désert de l'Arizona, la topographie des paysages est souvent considérée comme l'œuvre d'entités surnaturelles, de géants. Même en Europe, où les mythes relatifs à la nature ne rentrent plus que pour une faible part dans ce qui subsiste encore de l'héritage traditionnel, les hauts lieux géologiques associés à des figures mythiques, tels le roi Arthur et Finn mac Cumhaill, abondent.

La géographie sacrée

L'expérience individuelle, la culture générale et l'ouverture spirituelle déterminent toujours la qualité du regard porté sur un paysage donné. Les Écritures juives ont conditionné les représentations mentales des premières sociétés judéo-chrétiennes. Un dessin du VIᵉ siècle ap. J.-C. assimile la terre à une boîte rectangulaire, à l'image du tabernacle

L'architecture « à la française » de ce jardin italien du XIXᵉ siècle se voulait le reflet d'une nature ordonnée et parfaite. Cette idée a pour origine la notion mazdéenne de « pairidaeza » (enclos), dont vient aussi le mot « paradis ».

Nouvelle colonie de peuplement de Nahalal, en Israël. Les plans d'urbanisme répondent souvent à un profond besoin de symétrie.

de Moïse : au centre de ce parallélépipède, une montagne entourée par l'océan figure la terre, couverte par le ciel, lui-même symbolisé par le couvercle de la boîte. Selon d'autres cartes médiévales, la Ville sainte de Jérusalem était non seulement le centre spirituel du monde entier, mais également son centre physique. Ce type de constructions cosmologiques traduit un désir d'identification. Spirituellement, l'empire

Inca était charpenté autour de lignes imaginaires rayonnant à partir de la capitale, Cuzco, et jalonnées sur leur parcours d'édifices sacrés. De même, le site de la ville de Delphes représentait le centre de la cosmologie grecque : le nombril d'une terre (voir pages 24 et 25) elle-même perçue comme le corps de la déesse Gaïa. Jusqu'au XVIIᵉ siècle, l'Occident percevait la Terre elle-même comme le centre de toute la création divine.

Si la perception globale de la terre peut varier selon les sociétés, leur environnement immédiat peut, lui aussi, être plus ou moins profondément imprégné de spiritualité, engendrant ce qu'il est convenu d'appeler des paysages mythologiques. L'idée selon laquelle les traits caractéristiques de l'environnement correspondent aux différents éléments d'un trésor de connaissance et de sagesse, souvent crucial pour leur survie, est une constante dans de nombreuses cultures. Ainsi en est-il de la tribu indienne Pawnee, originaire des plaines d'Amérique du Nord, dont le territoire de chasse était autrefois connu pour abriter cinq sites sacrés sur lesquels le gibier, disait-on, avait coutume de se réunir ; tant que les chasseurs n'y entraient pas et pratiquaient les offrandes rituelles, ils demeuraient en étroite connexion spirituelle avec les animaux, dont la viande et la peau leur étaient nécessaires. La perception du milieu marin est à peu près identique chez les Polynésiens : sa connaissance ne relève pas seulement de l'empirisme mais découle d'une sagesse sacrée, vitale, accordée par les dieux aux navigateurs.

Les Maoris de Nouvelle-Zélande sont parmi les nombreux peuples pour qui certains paysages naturels – zones de pêche, rochers, arbres, rivières, lacs, grottes et crêtes – furent autrefois visités par leurs ancêtres, qui leur donnèrent un nom ; ces lieux communiquent le savoir et la mémoire à tout individu qui passe à proximité. Il en est de même chez les aborigènes d'Australie et les Papous de Nouvelle-Guinée.

Une perception de l'environnement qui allie vision sacralisante et sens pratique se retrouve également dans bien des traditions orales. Ainsi, avant de participer à une chasse, un jeune indien Nunamiut d'Alaska doit apprendre à bien connaître son territoire. Les esprits mythiques, les génies et les héros légendaires qui sont censés peupler les réserves, lui fournissent les informations topographiques : l'image symbolique de son environnement est ainsi construite par cette dramaturgie mythique, et le guidera lorsqu'à son tour, il prendra la piste pour chasser.

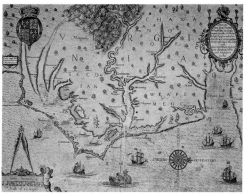

Carte anglaise de la Virginie (1585).
Les cartographes européens plaquaient leurs propres conceptions sur la nature sacrée de l'indigène américain. Dans son essence, la cartographie occidentale, bien que prétendant à « l'objectivité », demeure inspirée par des représentations spirituelles.

L'ÉTALAGE DES DÉPOUILLES DE CHASSE

Originaire de Nouvelle-Guinée centrale, le peuple Wopkaimin de la montagne Ok étale des os de gibier, ainsi que d'autres restes, sur les murs de ses habitations, dressant ainsi une sorte de carte riche d'informations de l'environnement naturel et social des animaux et de leurs dépouilles. Provenant de la zone villageoise, les dépouilles ancestrales et les mâchoires de porcs sacrifiés sont placées au centre du dispositif ; pièces majeures, les vieilles dépouilles sont disposées à hauteur des yeux, tandis que les os des cochons prennent place légèrement plus bas. Venant des zones basses de la forêt humide, les os de sangliers sont disposés dans la partie basse de l'étalage, tandis que ceux des marsupiaux, qui vivent en hauteur, sont disposés au sommet de la représentation. Les os de casoars, oiseaux fréquentant les deux zones, sont dispersés. Au fur et à mesure de sa mise en place, cet étalage devient ainsi une carte symbolique du paysage dans lequel vivent et chassent les Wopkaimins ; tout en reflétant la variété et l'habitat de leur gibier, cette représentation de leur environnement, en se gravant dans leur esprit, se révèle utile dans l'élaboration de nouveaux plans de chasse.

Ce jardin reflète le dépouillement inhérent à la paix intérieure qui est une aspiration du bouddhisme zen.

La saga des ancêtres

Selon les croyances traditionnelles des aborigènes d'Australie, l'origine de toute chose s'enracine dans le Rêve (encore appelé Temps de Rêve ou Temps de la Création), époque durant laquelle la Terre était peuplée par des entités spirituelles ancestrales et créatrices. Ces entités, qui s'incarnaient sous la forme d'hommes, d'animaux, de plantes ou des objets inanimés, pouvaient se déformer à volonté, et les preuves de leur existence sont inscrites dans les traces qu'elles ont laissé dans la nature.

Au cours de leurs pérégrinations terrestres, ces puissances ont créé, puis nommé, la faune et la flore. Elles ont également laissé en dépôt les esprits des enfants à naître, et déterminé les formes des sociétés humaines. Il n'est pas rare que plusieurs emplacements soient associés à une entité ancestrale, révélant ainsi les traces de ses pérégrinations. Ces trajets erratiques constituent la « saga des ancêtres » ou « songlines ». Chaque site porte une trace spirituelle ou matérielle de l'esprit : des empreintes de pas, de corps ou d'excréments. Ainsi, les Yarralins, de la vallée de la rivière Victoria dans le

Près d'Alice Springs, un ancien du peuple Aranda explique les peintures rupestres sacrées de l'entité Yippirringa.

Territoire-du-Nord, prennent Walujapi – qui laissa un sillon en forme de serpent le long d'une falaise, et l'empreinte de ses fesses callipyges en s'asseyant pour camper – pour l'entité ancestrale du python à tête noire.

Le paysage australien est zébré de ces voies du Temps de Rêve : certaines mesurent quelques kilomètres, d'autres plusieurs centaines, franchissant des espaces variés et coupant le territoire de nombreux groupes dont les dialectes, comme les traditions, peuvent différer. Ainsi, les esprits ancestraux du chat indigène sont censés avoir commencé leur voyage au bord de la mer avant de remonter vers le nord par le désert Simpson, en traversant les territoires des Arandas, des Unmatjeras, des Kaititjas, des Ilparos, des Ngalias et des Kukatjas.

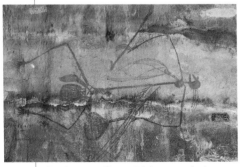

Représentation d'une entité du « temps de rêve », appelée l'Homme-Éclair, peinte sur Obiri Rock, près de Katherine, dans le Territoire-du-Nord

Chacun de ces groupes revendique pour lui seul la partie du mythe associée aux événements qui se sont déroulés sur son territoire.

Chez les Yarralins, la saga de l'entité Pigeon décrit comment deux de ces oiseaux – un frère et sa sœur – suivirent le cours de la rivière Victoria depuis les confins du désert jusqu'à la côte. Durant la première partie de leur voyage, ils parlaient le langage des Gurindjis, mais, curieusement, chaque fois qu'ils traversaient un nouveau territoire, ils adoptaient celui de ses habitants. Comme bien d'autres, cette « saga » constitue le fond culturel commun de groupes aborigènes disparates.

À la fin du « Temps de Rêve », les entités ou bien s'incorporèrent aux espèces animales qu'elles avaient créées, ou bien se perdirent dans la terre. Le paysage demeura tel qu'elles l'avaient façonné ; leurs lieux de séjours, et ceux qui furent témoins d'événements importants à l'époque du « Rêve » sont considérés comme contenant une immense force. Selon les croyances aborigènes, le germe d'esprit qui repose en chaque individu provient certainement d'un site spécifique créé par les puissances du « Temps de Rêve ». En conséquence, l'identité de chaque être vivant est intimement liée au paysage au milieu duquel se déroule son existence.

LE RÊVE VIVANT

Lorsque prit fin le « Temps de Rêve », la Création était achevée : les paysages, la faune, la flore, l'organisation des sociétés et les tutelles sur les terres étaient définitivement fixés. Toutefois, cette période continue de jouer un rôle important dans l'existence des aborigènes, qui voient en tout être né près d'un lieux sacré une incarnation de l'esprit qui lui est associé, de son génie tutélaire. Connus sous le nom de *karadjis* ou « homme d'un haut degré », les sages sont en contact direct avec le Rêve et ses puissances. Afin de symboliser leur pouvoir de « voler » vers les royaumes de l'esprit, ils parent leurs chevilles de plumes et sont les seuls habilités à créer de nouvelles danses, des chants et des récits relatifs au Rêve.

Un anthropologue qui étudiait les Pintupis du désert de l'Ouest fut témoin de la découverte, par un groupe d'hommes, d'un rocher multicolore, inhabituel au bord d'un ruisseau. L'interprétation de cette trouvaille fut demandée aux anciens, et l'un d'eux déclara qu'elle était associée à la saga du Kangourou, au cours de laquelle deux héros ancestraux tuèrent un kangourou à plusieurs kilomètres du ruisseau. Les anciens conclurent que l'animal blessé avait rampé le long de la berge pour tenter de rejoindre son territoire, mais les héros l'avaient rattrapé et coulé sa carcasse à cet endroit. Le rocher représentait donc les entrailles du kangourou.

À Uluru (Ayers Rock : voir page 64), un ancien, aborigène, répondant au nom de Toby, célèbre les exploits de ses ancêtres sacrés en dessinant sur le sable, à l'aide d'un bâton, une saga symbolique pour appuyer son récit.

Les migrations sacrées

Dieu remet les Tables de la Loi à Moïse et au peuple juif sur le mont Sinaï, *de John Martin (1789-1854)*.
L'Exode symbolise la migration d'un peuple qui fuit la servitude et s'avance vers la rédemption spirituelle,
représentée par la Terre promise.

Les mouvements de populations jouent un grand rôle dans l'histoire de l'humanité. Il n'est donc guère surprenant que les migrations, les explorations et les conquêtes occupent une place si importante dans les mythes et les légendes. les récits de tels déplacements, dont beaucoup s'appuient sur des bases historiques probables mais lointaines, peuvent avoir pour fonction d'expliquer et de justifier l'occupation d'une terre par tel ou tel peuple, pour effacer le souvenir de son état d'étranger. Ces migrations sont souvent inspirées par un être divin ou surnaturel, qui guide et protège le peuple en marche, à l'image de l'Exode dans les Écritures juives. Moïse fit passer les Israélites de la servitude d'Égypte à une terre que Yahvé leur avait expressément promise comme patrie.

L'Exode biblique correspond à un processus de renouveau spirituel et communautaire qui fonde les bases morales et religieuses d'une société sédentarisée. Un phénomène analogue est perceptible chez les Aztèques dont la migration légendaire, sans doute fondée historiquement, est consignée dans des textes et des images datant du XVIᵉ siècle. La légende de ce peuple, venu d'une région située au nord-ouest du Mexique entre les XIIᵉ et XIVᵉ siècles, raconte l'errance des Mexicas, partis de l'île d'Aztlan pour Tenochtitlan, leur future capitale, et met en valeur les expériences et les connaissances utiles à leur future installation, qu'ils engrangèrent au cours de leur périple.

Huitzilopochtli, leur dieu suprême, guidait les Mexicas ; dès la première étape de leur pérégrination, ils bâtirent un temple en son honneur, et y reçurent des instructions. Plus loin, au lieu de naissance du dieu, ils apprirent à organiser et célébrer la cérémonie du feu sacré. Plus tard, ils approfondir leurs connaissances des rituels et de définirent leurs spécificités culturelles par rapport aux autres peuples : par la construction d'un barrage sur la rivière Tula, ils apprirent à contrôler les ressources

LES MIGRATIONS DES INDIENS HOPIS

Selon le mythe créateur des Hopis d'Arizona, leurs ancêtres durent franchir trois mondes inférieurs avant d'émerger dans le monde actuel, le quatrième Monde. Après quoi, leur génie tutélaire leur expliqua qu'avant d'installer leur patrie au centre de la Terre, ils devraient marcher jusqu'à ses quatre extrémités et en revenir. Chacun des quatre clans d'ancêtres reçut une tablette sacrée protectrice de la marche. Les quatre clans parcoururent toute l'étendue couvrant aujourd'hui l'Amérique du Nord et l'Amérique du Sud ; des monuments et des ruines témoignent encore de leur passage.

Arrivés dans la région des Grandes Plaines (États-Unis), les membres du clan des Serpents décidèrent d'y laisser une trace et, en l'absence de rochers permettant de graver leur symbole, ils élevèrent un grand tertre en forme de serpent. Aujourd'hui, certains Hopis croient encore que le tertre du Grand Serpent dans l'Ohio (voir pages 110 et 111) est le tertre légendaire du clan des Serpents.

Danses rituelles Hopi en commémoration des migrations ancestrales mythiques

de l'eau et s'initièrent à l'art de la politique et de la guerre avant d'atteindre leur destination finale. Ils échangèrent leur nom de Mexicas contre celui d'Aztèques (le peuple d'Aztlan), et magnifièrent les conséquences de leur migration.

Il n'est pas nécessaire que l'errance sacrée soit entreprise par les peuples eux-mêmes pour que ceux-ci en tirent des bénéfices spirituels. Selon le Midéwiwin, ou Grande société de Médecine – société chamanique appartenant à la tribu des Ojibwa qui vivaient près du lac Supérieur, l'esprit-Ours fit don aux Ojibwas de rituels de guérison afin de leur accorder la santé et la longévité. L'esprit terrestre Coquillage et le grand esprit du

La conduite d'une Guerre Sainte en terre lointaine, agréable à Dieu et justifiée par lui, fonde la motivation des Croisés du Moyen Âge.

Ciel ordonnèrent à Ours de remonter les objets cultuels à travers plusieurs couches de terre jusqu'à la surface de l'eau (du lac Supérieur), puis de les acheminer par les lacs et les rivières du territoire des Ojibwas vers le lac Leech, dans le Minnesota. Comme Ours se dirigeait vers l'extrémité occidentale du lac Supérieur, il fit halte en plusieurs lieux pour y établir une hutte Midéwiwin, desservie par un génie tutélaire. La piste sacrée qui relie le lac Supérieur au lac Leech est indiquée sur des plans faits avec des écorces de bouleau, qu'utilise un chamane du Midéwiwin au cours d'un rituel de guérison, pour illustrer le récit de la migration sacrée.

Errances de héros

Depuis l'épopée japonaise des deux héros Jimmu-tenno et Yamato-takeru jusqu'à celles, gréco-romaines, d'Ulysse, de Jason et d'Énée, la notion de voyage héroïque en terre inconnue constitue le fond commun, quasi universellement répandu, des légendes et des mythologies. Il met généralement en scène un personnage (souvent de rang princier et accompagné de quelques amis) qui s'aventure au loin, accomplit des hauts faits et surmonte bien des épreuves avant de rentrer dans sa patrie pour y être acclamé de tous. Poème épique dû à Homère (environ 750 av. J.-C.), l'Odyssée relate le voyage de retour vers son royaume d'Ithaque du roi-héros Ulysse, après la guerre de Troie. Pendant dix ans, Ulysse brava victorieusement de multiples dangers sur terre et sur mer – des contrées redoutables et des monstres fabuleux – et ses compagnons périrent au cours de cet aventureux périple.

Le voyage héroïque est la métaphore d'une initiation spirituelle dans laquelle la variété des paysages traversés symbolise les diverses facettes de l'âme humaine, et les épreuves physiques, autant de mises à l'épreuve de sa force intérieure. La « quête » relève d'un symbolisme encore plus profond. Son objet est en général d'une extrême valeur, et l'on peut dire qu'elle représente une illumination spirituelle ou une véritable et très profonde connaissance de soi. La quête du Graal en constitue l'exemple le plus connu en Occident (voir page suivante, en bas).

Le symbole très complexe du labyrinthe ou dédale, dans lequel un héros, ou une héroïne doit parfois s'engager (notamment le labyrinthe de Crète dans le mythe grec du héros Thésée), représente le passage du monde profane au sacré, le voyage à travers les épreuves de la vie jusqu'au cœur même de l'illumination. Pour parvenir à ce stade ultime de l'évolution spirituelle, il est nécessaire de maîtriser les aspects sombres de la nature humaine, figurés par le monstre tapi au cœur même du labyrinthe (le Minotaure tué par Thésée). Une fois le but atteint, la sortie ne pose plus de difficultés : Thésée n'eut qu'à suivre le fil d'or que lui avait offert la princesse Ariane.

La figure du labyrinthe fut parfois aussi

Stèle syro-hittite, datant du IXᵉ siècle av. J.-C., illustrant les exploits du héros mésopotamien Gilgamesh, dans sa quête, qui demeurera vaine, du secret de l'immortalité.

La théologie chrétienne primitive considérait le labyrinthe comme un passage menant de l'ignorance à l'enfer, mais dont le Christ Sauveur montrait l'issue. Les motifs labyrinthiques dessinés sur les habitations sont parfois considérés comme des figures magiques destinées à tromper les esprits maléfiques et à leur interdire l'entrée du foyer. De même, les tombes et les tumuli adoptant la forme d'un labyrinthe constituent une protection à la fois pour les morts et pour les vivants, que les esprits des défunts ne doivent pas revenir troubler.

considérée comme un mandala, symbole oriental du cosmos répandu en Orient, dont la fonction est d'aider le méditant ou la méditante à découvrir sa vraie nature spirituelle et personnelle, le « centre » de son être.

La légende du héros qui visite l'autre monde, lieu ambivalent par ses dangers et ses félicités, et dont les habitants ne connaissent ni l'âge, ni l'usure du temps, ni la mort, est une image récurrente de la mythologie irlandaise. L'un de ces héros les plus fameux, Mael Dúin, affronta ainsi des fourmis géantes de la taille de jeunes poulains, des coursiers démoniaques, ainsi qu'un filet d'argent magique dont, à son retour, il déposa un fragment sur l'autel de la cité sainte d'Armagh.

LE SAINT-GRAAL

À travers ses nombreuses variantes, la quête du Saint-Graal constitua l'un des thèmes les plus familiers de la littérature épique de l'Europe médiévale, nordique et occidentale.

Enracinée dans la mythologie celtique et dans les puissants mystères du christianisme primitif, elle traitait de la mutation spirituelle. Le cœur du Graal recelait, disait-on, la vie éternelle. Selon la légende, le Graal n'était autre que la coupe dont usa le Christ lors de la Cène, et celle dans laquelle Joseph d'Arimathie recueillit quelques gouttes de sang lors de la Crucifixion, avant de l'emporter avec lui dans une longue errance qui le mena

sur la terre légendaire d'Avalon, parfois assimilée à la ville de Glastonbury, dans le Somerset (Angleterre).

Selon des sources françaises datant du XIIIe siècle, la quête du Graal fut entreprise par des chevaliers légendaires du roi Arthur. Trois d'entre eux – Galaad, Perceval (Parsifal dans les contes allemands) et Bohort – le découvrirent dans une mystérieuse cité au-delà des mers. Galaad fut le seul à contempler l'intérieur de la coupe et mourut à lui-même devant ce qu'il découvrit. Symbole des moyens permettant, à l'image de la pierre philosophale des alchimistes (voir page 69), d'atteindre la perfection spirituelle, le Graal sert aujourd'hui de thème de méditation à plusieurs mouvements ésotériques.

Les chevaliers du roi Arthur (1450)

Pèlerinages

Les pèlerins qui se rendent à Croagh Patrick (Irlande) escaladent nu-pieds les pentes rocailleuses. De telles ordalies rappellent la montée du Christ au Calvaire.

Bien des traditions religieuses considèrent la notion de voyage dans une direction donnée comme le processus métaphorique d'un approfondissement spirituel et d'une quête de sagesse : le pèlerinage, qui permet de faire coïncider les aspects temporels et spirituels du voyage, en constitue une bonne illustration. Les milliers de pèlerins qui gravissent les pentes du mont Fuji, au Japon, ou ceux qui peinent à genoux sur les marches d'un sanctuaire catholique, s'engagent sur une même voie de progression spirituelle et espèrent développer une relation plus intime avec le divin. Sûr que sa démarche lui procurera une guérison physique ou spirituelle, lui apportera une assistance providentielle dans la résolution de ses problèmes ou dans une conjoncture difficile, le pèlerin quitte la douceur de sa maison pour se mettre en marche vers un lieu où il (ou elle) rencontrera un autre monde, à la fois différent et supérieur. Ainsi, dans la Grèce antique, parcourait-on des centaines de kilomètres pour consulter l'oracle de Delphes ou pour obtenir une guérison au sanctuaire d'Épidaure consacré à Asclépios, dieu de la médecine. Gestes de dévotion, action de grâces ou pénitence, constituent autant de motifs de fréquentation des lieux de pèlerinages chrétiens.

Pour certains, la valeur spirituelle d'un pèlerinage est proportionnelle à la difficulté du déplacement : en 1994, un *saddhu* (ascète) hindou en a témoigné, qui parcourut 320 km, dont les 32 derniers en montée, à travers l'Inde, en roulant sur lui-même pour se rendre au sanctuaire de la déesse Deva. La notion même de pèlerinage implique traditionnellement un détachement du monde matériel. Deux monuments de la littérature spirituelle chrétienne en font foi : *Le Purgatoire*, de Dante (1265-1321) et *Le voyage du pèlerin*, de John Bunyan (1628-1688). Dans le premier, le poète est guidé dans la traversée symbolique du Purgatoire, par sa bien-aimée Béatrice qui le mènera au sens chrétien de la vie,

Dans ce cimetière péruvien, les pèlerins déposent leurs offrandes aux défunts au milieu d'une forêt de croix.

LE PIC D'ADAM

Au sud-ouest de Ceylan, une montagne, nommée Samanhela (à droite) par les habitants, a fait, pendant des siècles, l'objet d'une dévotion en raison de son relief tourmenté et d'une étrange empreinte sur la surface rocheuse de son sommet. Bouddhistes, musulmans, taoïstes et voyageurs chrétiens ont assimilé cette cavité naturelle, mesurant un peu moins de 1,8 m de long, à l'empreinte d'un géant.

Les textes bouddhiques du IIIe siècle av. J.-C. la décrivirent comme celle du pied de Bouddha ; certains lettrés chinois y virent la marque d'un dieu ou d'un premier ancêtre ; une légende musulmane en fait la trace d'Adam après sa chute hors du paradis ; les voyageurs portugais du XVIe siècle y décelèrent celle du pied de saint Thomas.

Pour atteindre le sommet du pic d'Adam, le pèlerin devait escalader des parois escarpées par des marches taillées dans le rocher, puis grimper le long d'une échelle fixée sur une façade à pic.

Les lourdes chaînes situées sur le côté sud-ouest passent, selon une légende, pour avoir été placées là par d'Alexandre le

Grand (365-323 av. J.-C.) lors de son expédition aux Indes.

Une fois sa prière récitée, chaque pèlerin fait tinter une vieille cloche et boit l'eau d'une source mettant ainsi un terme au rituel.

---

comprise comme un pèlerinage. Théologien luthérien allemand, Johann Gerhard (1582-1637) écrivait, quant à lui, dans son livre de prières : « Ainsi donc, moi, l'objet du dédain du monde, je vois la terre fatiguée comme un pèlerin ; je recherche seulement ce que le monde dédaigne… Sa liberté est ma prison. » Cette spiritualité de renoncement suscita un temps, une vision négative de la vie terrestre qu'on vint à considérer comme un lieu d'exil pour les humains dont la patrie véritable était le ciel, atteint après la mort.

La destination d'un pèlerinage peut prendre le pas sur le moyen de l'accomplir. Ainsi l'Islam

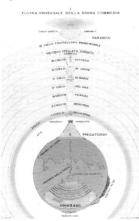

Les cercles du Paradis et de l'Enfer que doit franchir l'âme, selon La Divine Comédie, *de Dante*

magnifie-t-il le Hadj, pèlerinage à la cité sainte de La Mecque, en Arabie Saoudite. La cinquième des cinq règles cultuelles fondamentales, encore appelées les « cinq piliers », impose d'accomplir le Hadj au moins une fois dans sa vie, à moins d'en être physiquement incapable ou de porter, en le faisant, un préjudice financier grave à sa famille.

L'idée d'un pèlerinage sans une destination précise, dans lequel le mouvement seul constitue un but en soi, fut exprimée par le poète américain Walt Whitman (1819-1892), qui voyait « l'univers lui-même comme une route, comme un ensemble de routes, un ensemble de routes pour des âmes errantes ».

Les quêtes visionnaires

Un ancien de la tribu Cree sort de la « tente de sudation » familiale. La vapeur provoquée par les pierres chaudes aspergées d'eau provoque une purification spirituelle et favorise les visions.

La « quête visionnaire » est un phénomène religieux fondamental et universellement répandu chez les peuples indigènes, et surtout chez les Indiens d'Amérique, les aborigènes d'Australie, ainsi que dans les sociétés chamaniques de Sibérie. Elle consiste en une recherche individuelle de la connaissance et des pouvoirs spirituels qui surviennent à la suite d'une épreuve volontaire, telle que la réclusion, le jeûne et la prière, endurée dans le but de purifier le novice, et de lui permettre d'obtenir une vision extatique qui éclairera son destin.

Parvenu à « l'état visionnaire », l'individu devient un voyageur désincarné, planant dans l'éther et contemplant la terre et l'univers laissés derrière lui. Au cours de sa quête, il (ou elle) est censé(e) franchir les limites du monde connu et en revenir chargé d'une connaissance et d'un pouvoir surnaturels.

L'impression d'une montée au paradis n'est pas le seul schème commun aux diverses quêtes visionnaires. Avant de regagner le monde quotidien, les quêteurs passent en général par les enfers, affrontent des forces démoniaques et entrent en communication aussi bien avec les morts qu'avec les oiseaux ou d'autres animaux.

L'expérience extatique impose au novice de se rendre à l'écart de sa tribu, dans un lieu isolé, propice à la préparation de sa quête, et dont le choix est important car il doit être d'un accès facile au monde des esprits. Chargés de forces spirituelles, les hautes falaises, les abris sous roche ou les rochers de forme inhabituelle sont ainsi privilégiés chez les Indiens algonquins de l'Amérique septentrionale. La « quête visionnaire » commence souvent à l'âge de la puberté, au moment où un garçon (ou parfois une fille), demande l'aide d'un ancien ou d'un homme-médecine pour obtenir des visions. Les novices reçoivent une instruction religieuse et sont admis à participer aux rituels dans une « tente de sudation » dont la vapeur d'eau les purifie et les guérit. Puis, ils sont conduits dans un lieu isolé – fente rocheuse, sommet d'une colline, nid de branches et de feuilles – pour y attendre la vision.

Vision artistique d'une transformation survenue au cours d'un rituel de sudation, en Amérique du Nord

L'impétrant ne doit alors ni manger ni dormir pendant une journée ou davantage, jusqu'à ce qu'un esprit le visite, souvent au cours d'un rêve dont le contenu détaillé ne doit être révélé sous aucun prétexte ; toutefois, l'initié peut adopter les symboles de son génie tutélaire, en se peignant le visage et en se tatouant, et désigner ainsi implicitement l'identité de sa vision.

Les « quêtes visionnaires » peuvent se poursuivre tout au long de l'existence. Les Comanches des plaines méridionales estimaient qu'un guerrier devait s'y soumettre jusque dans la vieillesse. Comme dans sa jeunesse, la voie le conduirait alors sur une colline sacrée, revêtu de sa tunique, muni de son inséparable pipe et de son tabac, pour fumer, prier et jeûner afin de se rapprocher au plus près du monde des esprits.

LES QUÊTES VISIONNAIRES DANS LES TRIBUS DES PLAINES

La quête visionnaire *hanbleceya*, ou « incantation pour obtenir une vision », passait pour un rituel donné aux Sioux Oglala (Dakota) des plaines septentrionales, par une entité surnaturelle nommée Femme Buffon Blanc. Le néophyte était conduit sur une colline sacrée par son conseiller spirituel qui creusait un puits, le recouvrait de broussailles et indiquait les quatre points cardinaux avec des poteaux décorés et des offrandes de tabac. Ne pouvant absorber ni eau ni aliment, le novice ne devait s'éloigner du puits qu'à l'aube afin de prier l'Étoile du Matin. Au cours de l'ordalie, les esprits pouvaient s'approcher et dialoguer avec le novice, à qui étaient révélées les visions déterminant son destin. Si un animal ou un oiseau venait à lui, il était autorisé à en chasser l'espèce et à l'utiliser comme amulette de guerre. Mais, s'il voyait le tonnerre ou les éclairs, il devait exprimer son rêve au cours d'une cérémonie appelée *heyoka kaga* (ou « jeu de clown »), par laquelle il endossait son nouveau rôle de « bouffon divin ». Dès cet instant précis, il lui fallait accomplir à l'envers tous les gestes de la vie quotidienne.

La Lune vue comme une Personne dominante : *le masque médical du chef Araposh du peuple Crow, originaire des plaines, décrit un des esprits rencontrés au cours d'une quête visionnaire.*

Le sol et la propriété

Les éléments du paysage (océans, mers, lacs, chaînes de montagnes, plateaux et rivières) définissent grossièrement les limites territoriales des peuples. Des sous-ensembles caractéristiques, formés par la végétation dominante, la faune, le climat, les sols ou les roches, précisent aussi les frontières naturelles. Celles-ci ne sont généralement pas contestées, mais les prétentions, dégénérant fréquemment en conflits, deviennent

Un ancien du peuple Pitjantjatjarra retourne veiller sur un lieu sacré dans les déserts de l'Australie centrale.

inévitables lorsque des groupes humains font intervenir des notions culturelles ou de « droit du premier occupant » dans le tracé de leurs frontières. Les mythes nationaux entrent dans le processus qui permet à un groupe humain de justifier son occupation et son expansion dans un espace géographique.

Les sociétés humaines n'ont réellement manifesté d'intérêt pour la propriété de la terre que dans des régions associées à de petits clans familiaux ou communautaires. Ainsi, parmi les populations indigènes d'Amérique, originaires de la côte nord-ouest du Canada, certains groupes d'individus possédaient par tradition des droits sur une zone qui leur fournissait une

quantité suffisante de coquillages, de poisson, et autres nourritures. Au contraire, chez les aborigènes d'Australie, les droits de fourrage sont beaucoup moins clairement définis : la tutelle des esprits auxiliaires sur les lieux sacrés est largement prédominante, comme les mythes, chants et cérémonies qui leur sont associés.

Les récents conflits frontaliers – en Australie et en Amérique du Nord – qui ont opposé les tribus indigènes aux structures politiques d'un état moderne, font bien ressortir la difficulté de concilier l'acception occidentale du sol pris comme marchandise négociable, et les anciennes notions tribales. Les aborigènes voyant dans la terre l'œuvre des entités mythologiques du « Temps de Rêve », elle ne ressortit donc pas simplement de la géographie, mais résulte d'un phénomène spirituel. Certes, les humains peuvent recevoir l'investiture d'un génie tutélaire veillant sur un site sacré associé au « Rêve », mais la notion de « propriétaire terrien » est totalement étrangère à la mentalité indigène, car elle implique la possibilité pour les hommes de se placer eux-mêmes au-dessus des esprits sacrés du « Rêve », créateurs de la terre et de l'humanité.

Les sociétés humaines ont souvent utilisé les éléments naturels comme des emblèmes de nationalité, lesquels expriment à leur tour les divers aspects d'une identité collective. Ainsi, lors de son accession à l'indépendance, l'ancienne république yougoslave de Slovénie adopta un paysage alpin stylisé comme symbole national, permettant sans doute aux Slovènes de confirmer à leurs propres yeux leurs qualités de peuple montagnard, mais aussi d'aider les étrangers à situer le nouvel État.

Ailleurs, il arrive que des événements historiques et des monuments soient revendiqués par des nations pourtant fort éloignées, sur le plan culturel et spatio-temporel, des peuples ou des communautés directement concernées par ces souvenirs. En Afrique, les anciennes colonies du Dahomey, de la Côte de l'Or et du Soudan français adoptèrent respectivement les noms de Bénin, Ghana et Mali, trois puissants empires de la période pré-coloniale.

Ces changements d'appellation n'expri-maient pas seulement la fierté de l'indépendance politique recouvrée, mais avaient également pour but de créer un sentiment d'unité nationale au sein d'états culturellement disparates et dont les fron-tières, tracées par le pouvoir colonial, ne tenaient que rarement compte des limites ethnique, culturelle et linguistique pré-existantes à ce dernier.

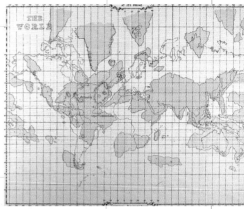

Cette carte de 1896 représente les terres et les mers avant la séparation des continents. À cette époque, les géographes étaient fascinés par le mythe de l'Atlantide, le continent englouti échappant aux revendications impériales.

LES TERRES INDIGÈNES AUX ÉTATS-UNIS

Le gouvernement des États-Unis adopta en 1787 une ordonnance stipulant que les peuples indigènes ne seraient jamais dépouillés par la force de leurs biens et territoires. En 1830, cependant, le président Andrew Jackson fit voter l'*Indian Removal Act* (Loi sur le déplacement des Indiens), qui faisait obligation à toutes les tribus habitant à l'est du Mississipi d'émigrer vers l'ouest. Les Cherokees de Géorgie s'opposèrent victorieusement au décret devant la Cour Suprême, mais Jackson ne tint nul compte de la décision et ils furent chassés vers l'Oklahoma. Plus d'un quart mourut en chemin.

Au fur et à mesure de la conquête territoriale yankee, les pertes de terres ancestrales s'aggravèrent : à eux seuls, les Choctaws abandonnèrent plus de 40 000 ha de terres situées à l'est du Mississipi. Celles-ci étant « légalement » saisies, leurs habitants furent parqués dans des réserves, souvent situées dans des régions inhospitalières, avec lesquelles les « déplacés » n'avaient que peu de rapports historiques et spirituels. En 1887, les Indiens d'Amérique ne contrôlaient plus que 5 500 km^2 ; en 1934, ce chiffre tomba à 1 900, dont près de la moitié en déserts ou terres semi-arides. Le massacre de deux cents Sioux par la cavalerie américaine à Wounded Knee, en 1890, mit fin à la résistance armée contre les déplacements de populations.

Réclamant au nom de l'Espagne l'île de San Salvador dès 1492, Colomb est loin de représenter une image héroïque aux yeux des indigènes américains.

Les repaires des dragons

Source de pouvoir bénéfique ou maléfique, le dragon est un des plus puissants symboles de l'énergie primordiale. Sous l'influence du christianisme, l'Occident semble avoir accentué l'aspect négatif de cette énergie, tandis que la mythologie orientale perçoit le dragon comme une force positive, symbolisant la capacité de l'homme à combiner le potentiel créateur contenu dans les quatre éléments. La manière dont chaque tradition envisage les relations entre le dragon et l'environnement naturel reflète ces différences de conception.

Brodés sur la soie, le dragon, emblème sacré des empereurs de Chine, et le phénix (au-dessus), emblème de l'impératrice

Dragons ornant un temple de Hong-Kong. Les dragons chinois sont vénérés comme gardiens de la Terre. À la différence du dragon impérial à cinq griffes, ceux-là n'en ont que quatre, nombre représentant la Terre dans la tradition chinoise. Les plus anciens dragons de Chine à trois griffes engendrèrent leur homologue japonais Tatsu, esprit turbulent de la nature en conflit avec le tigre, origine des orages.

L'association entre certains lieux et le dragon est souvent liée à son rôle de gardien. Terrifiant, crachant le feu, la mythologie occidentale voit en lui un animal féroce veillant sur un trésor (la connaissance spirituelle) ou une jeune fille (symbole de pureté) et constituant un obstacle à vaincre pour des figures de héros ou de saints, tels saint Michel et saint Georges.

Pour les Chinois, la puissance originelle du dragon est véhiculée dans le monde par les « pistes de dragons » ou canaux d'énergie, révérés comme des lieux bénéfiques et choisis pour sépultures par les membres de la famille impériale. La recherche des points d'interaction mutuelle entre les pôles positifs et négatifs de ces flots d'énergie et l'environnement, constituait au temps

LES ANIMAUX
ET LA TERRE

La séparation établie par
la tradition occidentale entre
les hommes et les animaux
s'appuie sur la supériorité que
la Bible confère à l'homme.
Les relations vitales et étroites,
entre celui-ci et l'animal sont
au contraire valorisées dans
de nombreuses cultures. Ainsi,
un chamane qui entreprend
un voyage mystique sous
la forme d'un ours ou un
aborigène australien qui
se pare et danse à l'imitation
de l'ancêtre émeu du « Temps
de Rêve » traduisent tous
deux, symboliquement, le

processus social d'une vie
humaine conçue comme
intégrée à la terre, plutôt que
dominant celle-ci. Le rôle des
animaux dans la vie de la terre
est abondamment illustré dans
les mythes de création. Pour
les indigènes d'Amérique,
comme ailleurs, la mer sans fin
constituait l'origine de toute
chose, jusqu'à ce qu'un animal,
un rat musqué par exemple,
plonge dans ses profondeurs
et en rapporte le limon qui
devint la première terre.

*Les animaux hybrides
symbolisent les peurs les plus
profondément ancrées au cœur
de l'homme.*

des empereurs une pratique courante
(voir pages 146-147), encore utilisée
aujourd'hui.

Féroce, le dragon chinois n'est pas
malveillant : il symbolise l'Orient, le
soleil et la générosité du sol. Mang, le
dragon à quatre griffes, représente le
pouvoir temporel, tandis que Long
tient dans les siennes une perle qui
figure la lune, source de fertilité – pour
les taoïstes et les bouddhistes, il s'agit de
« la perle qui satisfait tous les désirs »
(de sagesse et d'illumination). Symboles
de puissances infernales, dragons et
serpents sont proches, et mytho-
logiquement difficiles à distinguer.
« Dragon » vient du mot grec *dracon*, qui
signifie « grand serpent ».

Figurant peut-être son rôle de
messager spirituel vers les enfers, l'art
rupestre des Algonquins d'Amérique
du Nord représente le serpent près
d'une cavité naturelle. L'esprit du grand
serpent sous-marin Mizhipichew, qui
fouette les eaux des lacs avec sa queue,

*Le combat du héros et du dragon est un thème commun
à bien des mythologies. Miniature persane du XVᵉ siècle
montrant le héros Rustem et son cheval Raksh.*

et que l'on apaise avec des offrandes de
tabac, représente la face sombre de
l'énergie terrestre.

En Australie, les entités serpents,
identifiées avec l'arc-en-ciel, apparaissent
comme des porteuses de vie, mais ils n'en
sont pas moins les redoutables gardiens
des marais, et s'irritent si leurs rituels
propitiatoires ne sont pas accomplis.

L'animisme

Selon certaines conceptions (en particulier celle de l'Occident moderne), le monde physique est composé de matière inanimée. Toutefois le pressentiment d'une imprégnation spirituelle de la matière est largement répandu parmi de nombreux peuples, pour qui tout objet – pierre ou pot par exemple – possède à la fois une forme sensible et une essence qui palpite en elle.

Dans les cultures mélanésienne et polynésienne, cette essence – puissance immanente et omniprésente se trouvant aussi bien au cœur d'armes précieuses que dans le charisme personnel d'un chamane ou dans ses objets et potions rituels – se nomme le « mana ». Les familles dirigeantes étaient censées posséder un grand mana. Jusqu'à une époque récente, les principaux chefs

Les symboles peints sur cette maison de la vallée des Kalash, au nord du Pakistan, représentent des esprits animaux protecteurs.

tribaux de Tahiti n'étaient jamais autorisés à toucher le sol au cours d'un déplacement : la puissance de leur mana aurait transformé chaque parcelle de terre effleurée en lieu sacré.

Le shinto japonais repose sur un profond respect de la nature. Les divins esprits ou kami, omniprésents, peuplent tous les éléments naturels, notamment ceux d'une taille ou d'une forme inhabituelle : les montagnes ou certains arbres par exemple. Leur pouvoir de création et d'harmonisation, qui transcendent les capacités cognitives de l'homme, ne peuvent jamais être pleinement compris.

Le sens du caractère sacré de la création est aussi largement répandu chez les peuples indigènes d'Amérique du Nord. L'essence spirituelle imprégnant les objets utilitaires, aussi bien que les marchandises, est appelée *wakan* chez les Sioux Lakota qui, autrefois, baptisaient les armes à feu *mazawakan*, ce qui signifie « acier sacré ». Chez les Micmacs de Nouvelle-Écosse, un homme qui ramasse une pierre ou quelqu'autre objet étrange peut se voir recherché en raison de sa *keskamsit*, ou « chance magique », accordée par l'esprit créateur Kisurgub.

Longtemps, les Occidentaux ont cru que seuls les peuples indigènes voyaient en tout et partout une présence sacrée. Ils qualifiaient d'« animisme » cette perception d'une âme (du latin : *anima*) reposant au cœur de la matière. Cet animisme était considéré comme une forme primitive de religiosité ; peut-être même comme la toute première expression d'un phénomène religieux qui, dans les sociétés plus développées, avait évolué vers le monothéisme en passant par le polythéisme. Premier chercheur à offrir un tableau complet des croyances animistes, Sir Edward Burnett Tylor énonça dans son ouvrage intitulé *Primitive Culture* (1871), que la religion représentait la formalisation des relations entretenues par l'humanité avec le monde des esprits, lesquels « possédaient, pénétraient, encombraient » toute chose. L'animisme existait de également dans la Grèce ancienne, où la nature était déjà envisagée comme un organisme vivant, dont les cycles réguliers et ordonnés incitaient les philosophes à lui attribuer non seulement les caractéristiques de la vie, mais aussi celles de l'intelligence. Les penseurs grecs voyaient le monde naturel comme un véritable être animé et, selon Platon, le principe créateur lui avait accordé, ainsi qu'à tout ce qu'il renfermait – y compris tous les animaux et toutes les plantes – une âme dont le siège se trouvait au centre même de la terre (voir l'encadré à droite).

La dépouille mortelle d'un souverain animiste – dernier de sa lignée à respecter sa tradition cultuelle – est enterrée à Tomok, sur l'île de Samosir, en Indonésie.

À GAUCHE *La tête des animaux est le siège d'une grande puissance, selon les Bapendés du Zaïre qui revêtent souvent des masques animaliers au cours de leurs rituels, afin de conjurer le mauvais sort.*

ANIMA MUNDI

L'origine du monde et de la nature telle que la concevait dans *Le Timée* le philosophe grec Platon (environ 427-347 av. J.-C.), demeura une idée courante jusqu'à la Renaissance. Développant le concept d'*anima mundi* ou « âme du monde », Platon le décrivait comme « l'être le plus beau et le plus parfait, aussi achevé qu'un seul animal visible qui contiendrait en lui tous les animaux de même nature ».

Certains membres de l'École de Chartres se passionnèrent, au XIIᵉ siècle, pour la théorie platonicienne. Leur intérêt venait de la curiosité que leur inspirait la création. L'École de Chartres enseignait qu'en observant les lois naturelles et en s'efforçant de vivre en harmonie avec l'environnement, l'humanité parviendrait à entretenir des relations beaucoup plus étroites avec Dieu.

Paysages et vestiges

Même soumise aux transformations de la modernité, la terre ne cesse d'abriter l'âme du passé. Bois, pâturages et autres paysages aménagés témoignent secrètement des relations complexes tissées au cours des âges entre l'humanité et la topographie. Certains traits de la nature sont le résultat, certes, de circonstances fortuites ; ils n'en sont pas moins significatifs : les profonds sillons laissés en certains emplacements de la Prairie

L'idée de constructions enfouies sous les sables du temps est profondément évocatrice. Skara Brae, village néolithique des Orcades en Écosse, fut mis au jour en 1850 à la suite d'un orage qui emporta le sommet d'une dune, découvrant ainsi des maisons de pierre.

canadienne par les lourds chariots des premiers colons européens, témoignent de la peine, du sacrifice et de l'aventure vécus par les pionniers du Nouveau Monde. Les vestiges de constructions sont, toutefois, largement plus évocateurs.

Bien des paysages sont des palimpsestes dont l'importance n'a cessé de croître au fil des superpositions provoquées par l'Histoire. Tombes, monuments, temples, sanctuaires divers, fournissent, certes, aux historiens et aux archéologues des données

précieuses. Néanmoins, un vestige en lui-même suffit rarement à satisfaire la curiosité des spécialistes ; la consultation d'autres sources, y compris des sources documentaires, s'avère toujours nécessaire : là où celles-ci font défaut – en matière préhistorique tout particulièrement – la tentation est forte de supposer une origine mystérieuse. Ainsi, au cours des siècles, les vestiges furent souvent l'objet de légendes qui résistent parfois à l'investigation scientifique.

Prisonniers d'une perspective historique centrée sur notre temps, nous oublions facilement que nombre de nos ancêtres, vécurent, eux aussi, parmi les vestiges. La meilleure illustration en est fournie par la puissante architecture romaine, aussi esthétique qu'ingénieuse, et adaptée au contexte socio-religieux qui la fondait : elle continua, après la chute de l'Empire, de se dresser tristement au milieu des structures propres aux nouveaux peuples pour qui les symboles précédents étaient vides de sens. Beaucoup de ces témoins du passé furent reconvertis en matériaux de construction pour des bâtiments de l'époque, comme à Stonehenge en particulier, dans le sud-ouest de l'Angleterre.

Les vestiges abandonnés nourrissent souvent les mythologies locales. L'attrait qu'ils exercent en Europe s'exprime dans les histoires de fantômes et de tragédies qui ont pour cadre les ruines évocatrices des châteaux et des abbayes, aussi bien que les jardins et les parcs chers au mouvement paysagiste anglais.

Les innombrables « folies » (au sens architectural du mot), et en général la production du classicisme européen qui regorge de faux temples et de faux frontons, ressortissent de ce besoin impérieux de fabriquer des vestiges.

Le paysage idéal du XVIIIe siècle tardif et du XIXe naissant, tel celui présenté ci-dessus, que l'on doit à William Marlow (1740-1813), était imprégné de références classiques, notamment de ruines bucoliques.

LA *MARY ROSE*

Les vestiges sous-marins semblent provoquer des résonances psychologiques particulières ; il n'est peut-être pas trop osé de suggérer qu'elles proviennent d'un sentiment de renaissance, de victoire miraculeuse remportée sur l'irréparable.

Armé en 1509-1510 dans les chantiers navals de Portsmouth, sur la côte méridionale de l'Angleterre, la *Mary Rose* faisait partie de la flotte du roi Henri VIII. Bâtiment de guerre doté de sept canons lourds en fonte et de trente-quatre canons lourds en bronze, elle fut engagée contre la France en 1513 par Edward Howard, qui la décrivait à son souverain comme « votre bon bateau, la fleur, je pense, de tous les bateaux qui ont navigué jusqu'à ce jour ». La *Mary Rose* sortit du chenal de Portsmouth le 19 juillet 1545 pour affronter la flotte française. Un fort coup de vent venu du large la fit virer de bord, donner de la gîte et prendre l'eau par les sabords : elle coula en emportant avec elle plus de 650 marins.

Vainement, on tenta de renflouer la *Mary Rose* après la tragédie. Couchée sur tribord, l'épave se posa vite sur le fond vaseux du chenal, perdit ses mâts et tomba dans l'oubli.

Quatre cents ans plus tard, les déplacements de boue laissèrent entrevoir quelques fragments noircis de la carcasse du bâtiment, permettant à des sauveteurs de le découvrir en 1836. Des archéologues s'y intéressèrent en 1970, et les vestiges de la coque furent renfloués en 1982.

Les plongeurs sondèrent les fonds boueux de la Manche pour localiser l'épave de la Mary Rose.

L'énergie terrestre

Des hauts sommets himalayens aux sources sacrées
d'Irlande, les éléments remarquables de la nature ont
été reconnus par les initiés comme des lieux où les
pulsations d'énergie spirituelle de la Terre sont les plus
fortement ressenties. Cette énergie constitue l'har-
monique supérieure de phénomènes scientifiquement
connus, tels la gravitation ou le magnétisme.
L'efficacité de la radiesthésie ou de techniques
similaires évoque, même aux yeux de nombreux
Occidentaux sceptiques, l'existence d'un champ
d'impulsions quasi électriques dans ou sous la croûte
terrestre. Bien des traditions ont conféré un sens
spirituel à ces phénomènes. Le pratiquant se retirait
sur le sommet d'une montagne, près d'une chute d'eau
ou dans une grotte afin d'emmagasiner le champ de
forces venu de l'autre monde, avec la ferme conviction
que cette énergie l'aidait dans sa quête et lui apportait
une force intérieure pour entreprendre son voyage
spirituel.

*Creux profonds et hautes crêtes des immensités marines. Les courants
thermiques (chauds à l'équateur et froids aux pôles), les vents, les marées
et la « force de Coriolis » (un des effets de la rotation de la terre)
confèrent aux océans leur mouvement perpétuel.*

Les eaux de vie

Origine et véhicule de toute vie, l'eau est, tout naturellement, associée à une puissance spirituelle et créatrice. En raison de sa valeur lustrale, elle est abondamment utilisée dans les cérémonies religieuses, comme moyen ou symbole de l'éveil spirituel : sous ses différentes formes, le baptême en constitue un exemple probant. Symbole du passage de la mort à la résur-

Les grondements provoqués par les chutes d'eau, comme celles d'Igazu, au Brésil, sont toujours impressionnants.

rection, l'épreuve de l'eau fait souvent partie des rites initiatiques de la puberté. Les Yolngus du nord de l'Australie reproduisent ainsi l'absorption et la régurgitation de deux jeunes adolescents par le grand serpent Yurlunggur, qui est vénéré comme la source de la pluie.

La naissance d'un homme nouveau, d'un homme ressuscité dans l'Église et dans l'esprit du Christ au contact de l'eau, constitue le sens profond du baptême. Les premières communautés chrétiennes le

Les baptistes utilisent un bassin mobile spécialement installé au stade de Wembley, à Londres, pour les cérémonies de baptême.

pratiquaient habituellement par immersion totale dans les cours d'eau et les rivières. Puis, au IVᵉ siècle, l'Église introduisit la pratique d'une aspersion sur le front au-dessus de fonts baptismaux bénis par un signe de croix.

Le baptême constitue une réplique consciente de la mort et de la résurrection du Christ ; la théologie chrétienne en voyait la préfiguration dans l'histoire de Jonas et de la baleine. Fuyant l'ordre de Dieu lui disant de se rendre à Ninive, l'ennemi le plus détesté d'Israël, Jonas, jeté à la mer par des marins, fut avalé par un « gros poisson » dans le ventre duquel il passa trois jours, – chiffre-symbole de l'énergie transfiguratrice des eaux cosmiques de la création.

La fonction du bain lustral est d'ordre matériel aussi bien que spirituel : il lave les corps et purifie les âmes. Les pratiquants se signent à l'eau ou se livrent à des ablutions rituelles avant de pénétrer dans une enceinte sacrée.

La purification des objets par l'eau relève du même symbolisme. Les Grecs baignaient chaque année les statues de leurs déesses afin de réaffirmer leurs pouvoirs.

Chaque année aussi, le roi d'Arabie Saoudite se livre au lavement rituel de la Ka'aba, pierre noire sacrée, conservée dans la cour immense d'une mosquée monumentale, située au centre de la ville sainte de La Mecque.

Physiquement protégé, un lieu ceint par une digue, une douve ou un fossé remplis d'eau, passe également pour abriter un enclos sacré, non souillé.

Le bouillonnement des geysers d'eau sulfureuse et de boue brûlante, ainsi que les émanations de vapeurs chaudes dans ce paysage volcanique du parc national de Yellowstone (Wyoming), donnent une idée de la puissance de l'eau. Frayant son passage à travers ce paysage tourmenté, la rivière Yellowstone érode les parois rocheuses de la montagne.

Bas relief provenant de Tell Asmar (Iraq), représentant la déesse Ishtar debout sur un lion (VIIIᵉ siècle av. J.-C.).

ISHTAR ET DUMUZI

L'eau joue un rôle important dans le mythe akkadien de la descente aux Enfers de la déesse Ishtar. D'abord rapportée par des textes datant de l'âge du bronze, la légende fut gravée sur les tablettes d'argile de la bibliothèque du palais de Ninive, capitale de l'Empire assyrien, à la fin du VIIIᵉ siècle avant notre ère.

Déesse mésopotamienne de l'amour, de la fertilité et de la guerre, Ishtar descendit aux Enfers : elle y fut dépouillée de ses pouvoirs et traitée comme une simple mortelle, ce qui entraîna de grands désordres sur la terre. Elle ne put retourner à la vie terrestre qu'après avoir été aspergée avec les eaux de la vie par son vizir Namtar, qui alla la rejoindre à l'entrée des Enfers.

Le récit du retour d'Ishtar à la vie terrestre s'achève par des instructions concernant le traitement rituel à appliquer à la statue du dieu Dumuzi, amoureux d'Ishtar, condamné à passer la moitié de chaque année aux Enfers : afin de la maintenir en bon état lors des cérémonies en l'honneur de la fertilité (*taklimtu*) données à Ninive, cette statue devait être lavée à l'eau pure et enveloppée dans un linceul rouge.

Les sources

L'origine sacrée de l'eau pure, jaillissant de la terre sous forme de sources, fontaines ou cascades, ne fait aucun doute dans bien des traditions. Dotées du pouvoir de guérir, de conférer la sagesse et d'exaucer les vœux, les sources et les fontaines symbolisent les entrailles spirituelles de la Terre. Sur le site de Bath, en Angleterre, (voir page 58), les archéologues ont exhumé des centaines de tablettes votives couvertes d'inscriptions incisées dans le plomb et jetées dans la source de Sulis-Minerve, déesse romano-celtique de la sagesse. Dans l'imaginaire collectif du peuple Zuni habitant le sud-ouest des États-Unis, les sources sont reliées aux lointains océans comme les branches d'un saule au même tronc. La mythologie du même peuple rapporte que les « Hommes du Jour », c'est-à-dire l'humanité primitive, firent irruption dans ce monde en émergeant des eaux d'une source souterraine.

Cascade à sources multiples, dans le Gental, près de Berne, en Suisse

Matrices de la vie, les sources et les fontaines symbolisent fréquemment l'amour, le mariage, la sexualité et la procréation. Séduisant les amoureux et les inconnus qui fréquentent leurs parages, les nymphes et les fées donnent naissance aux fontaines sacrées. Relatant l'apparition de la lumière dans le monde, la mythologie des Tsimshians, tribu originaire de la côte nord-ouest des États-Unis, décrit la manière dont Raven, le porteur de lumière, se transforma en feuille près d'une source où la fille du maître du ciel avait coutume de boire : avalant la feuille, elle fut enceinte et donna naissance à la forme humaine de Raven.

Le monde est rempli de sources sacrées connues et fréquentées pour favoriser la fécondité des femmes stériles ; en revanche, les fontaines asséchées symbolisent, elles, la virginité.

L'origine abyssale des sources et des fontaines en fait parfois des lieux pleins de dangers. Ainsi, l'ancienne mythologie irlandaise rapporte que le héros Diarmaid, livrant combat à un sorcier auprès d'une fontaine magique, fut précipité dans les

L'architecture de la maison de Franck Lloyd Wright (1936) à Fallingwater en Pennsylvanie, s'inspirait d'un environnement riche en chutes d'eau.

L'ÉTERNELLE JEUNESSE

La quête d'une fontaine ou d'une source assurant une éternelle jeunesse est largement répandue. Les Coyotes d'Amérique du Nord racontent comment le Créateur, sur le point de faire surgir l'humanité, ordonna à deux buses de construire une échelle montant jusqu'au ciel, et de créer à son sommet deux sources, l'une pour boire, l'autre pour se baigner. Les vieillards qui atteignaient le sommet et usaient de la source retrouveraient leur jeunesse.

Les buses se mirent à l'ouvrage, mais le génie Coyote fit remarquer que si on promettait aux humains de retrouver leur jeunesse, ils ne cesseraient de monter et descendre l'échelle et n'auraient ni amis ni famille. Les buses admirent ce point de vue et détruisirent leur œuvre.

*Fontaine de Jouvence,
vue par un artiste italien
du XVᵉ siècle*

profondeurs des eaux, et émergea dans un monde surnaturel peuplé de nouveaux adversaires plus redoutables les uns que les autres.

Parmi les nombreuses fontaines sacrées irlandaises, celle de « l'Autre Monde », à Seghais, est considérée comme la source des fleuves Boyne et Shannon. Les récits mythiques qui les mentionnent évoquent une femme d'une grande beauté chargée de monter la garde et dont les chefs de guerre recherchaient les faveurs ; les relations sexuelles avec cette femme se trouvaient ainsi associées à l'absorption d'eau pure et à l'acquisition de la sagesse. Neuf noisetiers entouraient le site ; leurs fruits magiques étaient tombés dans les eaux et avaient provoqué des « bulles d'inspiration ». Un saumon surnaturel en mangea quelques uns et devint ainsi le Saumon de la Sagesse (*eo fis*). Celui-ci conférait les pouvoirs des druides à quiconque le capturait et le mangeait.

Le pays de Galles abrite également de nombreuses fontaines sacrées, régénérantes ou votives, comme celle de saint Elien, à Llanelian Yn Rhos, dont le culte fleurit au début du XIXᵉ siècle : les victimes devaient graver leurs initiales sur des ex-voto d'ardoise ou les inscrire sur du papier parcheminé scellé au plomb, puis les jeter dans la fontaine sacrée. Même lointain, le parallélisme est évident avec les tablettes votives romaines de Bath (voir page précédente).

*Les villageois du Derbyshire (Angleterre) « habillent »
les fontaines afin de les purifier.*

Bath
(sud-ouest de l'Angleterre)

Des sources d'eau chaude minérale jaillissent depuis au moins dix mille ans du sol de Bath, situé sur une petite butte argileuse dominant la rivière Avon qui serpente dans les collines du Cotswold. Les propriétés curatives de ces sources, consacrées à Sulis, déesse de l'eau et de la santé dont le nom vient du mot celtique « sun » (référence possible à la chaleur des eaux), étaient connues des peuples brittonniques (Celtes de Grande-Bretagne).

Assimilant Sulis à Minerve comme déesse de l'hygiène, les Romains transformèrent la source principale – qu'ils nommèrent *Aquae Sulis* (les « Eaux de Sulis ») – vers les années 70 ap. J.-C., et en firent un complexe comprenant un temple et des bains destinés aux pèlerins et aux curistes. À la déesse Sulis-Minerve, les fidèles demandaient la santé, la protection et le châtiment des malfaiteurs. Une triade de déesses-mères celtiques – les *Suleviae* (voir page 19) – était également honorée à Bath.

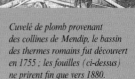

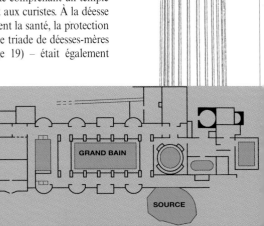

GRAND BAIN

SOURCE

Cuvelé de plomb provenant des collines de Mendip, le bassin des thermes romains fut découvert en 1755 ; les fouilles (ci-dessus) ne prirent fin que vers 1880.

Le plan des thermes de Sulis-Minerve (ci-dessus) montre l'emplacement des sources originelles au nord du complexe (en bas de l'image). Le grand bassin se trouve au centre. Austère bâtisse précédée d'un fronton soutenu par quatre colonnes corinthiennes (à droite), le temple de la déesse se dressait au nord-ouest de l'ancienne source.

À l'apogée du thermalisme à Bath, l'édification de la salle de pompage en 1790 permit la mise à jour d'importantes ruines romaines au centre de la cité. L'exploration commença dans les années 1860 sous l'impulsion de James Levine et les thermes à ciel ouvert visibles de nos jours furent complètement dégagés vingt ans plus tard. Parmi les objets provenant de la source sacrée et du conduit souterrain, on note des milliers de pièces de monnaie et des « tablettes votives » en plomb, incisées, dont les inscriptions révèlent que nombre de pèlerins imploraient l'assistance de la déesse Sulis-Minerve pour recouvrer un bien perdu ou obtenir le châtiment des ennemis et des voleurs. On ignore cependant si les pièces, auxquelles les textes font allusion, étaient jetées dans la source ou remises à un personnel sacerdotal préposé à la collecte.

Détail de la coupe transversale de l'hypocauste romain, extrait d'un manuscrit datant de 1888 et conservé au British Museum. Répandu dans presque toutes les villas et les bains publics des provinces au climat froid de l'Empire romain, ce système ingénieux de chauffage central fonctionnait par circulation d'air, chauffé par une chaudière, sous le sol reposant sur des tuiles empilées.

Découverte à la fin du XVIIIᵉ siècle, cette tête d'homme barbu – synthèse des traditions celtique et gréco-romaine – orne le médaillon central du fronton du grand temple. Rappelant les traits des divinités celtiques de la fertilité et de la santé, elle n'en est pas moins nettement inspirée des représentations classiques de la déesse Gorgone-Méduse, dont le masque était emprunté par Minerve pour vaincre ses ennemis.

Le caractère sacré de Bath dura encore cinq siècles après la chute de l'Empire romain : premier souverain de l'Angleterre unifiée, le roi Edgar y fut couronné en l'an 973 de notre ère. Les sources continuèrent d'être utilisées durant l'époque médiévale mais le thermalisme, dont le bain royal constituait le cœur, n'y connut un essor véritable qu'aux XVIIᵉ et XVIIIᵉ siècles (la reproduction ci-dessus date de 1675).

Rivières et cours d'eau

Le fleuve est une image ancienne et largement répandue du cours de la vie humaine ; il symbolise le temps écoulé entre, d'une part, la naissance ou la conception, ou encore la vie antérieure (l'origine), et, d'autre part, la mort, la vie après la mort ou la réincarnation (le fleuve qui se jette dans la mer). Pour atteindre l'illumination, le courant du fleuve de la vie doit, d'après la sagesse bouddhiste, remonter à sa source. Paradoxale, cette dernière image symbolise plus généralement le retour à un état originel, paradisiaque, de l'être humain.

Les anciennes civilisations, dont la survie dépendait de l'irrigation des sols, voyaient les fleuves comme des représentations majeures de la fertilité et de l'abondance, à l'image des quatre rivières de l'Éden, issues de l'Arbre de Vie et s'écoulant vers les quatre points cardinaux.

Rivières et cours d'eau représentent aussi une frontière entre la vie et la mort : les fleuves de l'Hadès – le Styx et l'Achéron – sont les exemples les plus connus. De même la rivière Sanzunokawa qui, selon l'enseignement du bouddhisme japonais et du shinto, sépare les morts des vivants. Les cours d'eau délimitent aussi le monde sensible et les régions magiques telles que l'« Autre Monde », placé sur la rive lointaine d'une dangereuse rivière dans la vieille tradition slave.

Souvent sacrés, les fleuves sont parfois eux-mêmes des divinités. Les Hittites adoraient le Tigre et l'Euphrate ; la rivière Ogun représente la déesse Yemoja chez les Yorubas d'Afrique occidentale. Si la Terre est perçue comme une déesse, les eaux des fleuves symbolisent parfois le corps d'un dieu. Selon la mythologie diluvienne des Ifugaos aux Philippines, les anciens traitaient une rivière asséchée comme un mort dans sa tombe ; en creusant son lit pour trouver son âme, ils tombèrent sur une brèche qui devint une source jaillissante dont les eaux recouvrirent la terre.

Les cours d'eau abritent également des êtres surnaturels. Ainsi, les esprits des eaux

Le passeur Charon fait traverser le Styx aux défunts jusqu'aux rives des Enfers.

Voiliers cinglant vers l'éternité, ornant la tombe de Sennufer (vers 1567-1302 av. J.-C.), à Thèbes (Égypte).

festivités, on jette à la rivière des offrandes de viande, de pain ou de bouillie d'orge, ou encore on sacrifie un canard pour apaiser l'esprit et obtenir un surcroît de nourriture.

Les plus grands pèlerinages hindous convergent vers les fleuves, et notamment le Gange, vénéré comme la déesse Ganga (voir pages 62 et 63). Certains pèlerins prélèvent une petite quantité d'eau à sa source, sur les contreforts de l'Himalaya, et en asperge le *linga* (obélisque phallique) du village de Ramesvaram, situé 3 200 km plus au sud. Ce faisant, ils unissent l'essence sacrée de la déesse Ganga au symbole de Shiva, et provoquent le rapprochement de la déesse féminine de la rivière et du dieu mâle de la fertilité.

Comme toutes les eaux, celles des fleuves sont à la fois menaçantes par leurs crues saisonnières, et nourricières par le limon fertilisant qu'elles déposent. Le Nil en Égypte, le Tigre et l'Euphrate en Mésopotamie, et l'Indus en Inde, furent véritablement des éléments de fertilité pour les premières civilisations.

sont aussi bien des génies gênants, des esprits démoniaques que des pourvoyeurs de poisson et d'autres ressources comestibles, chez les populations tribales finno-ougriennes du nord-ouest de l'Europe. Les Votjaks de Russie nomment « celui qui suit l'esprit de l'eau » le jour de la fête de la Douzième Nuit : au matin qui suit les

---

LES FLEUVES COMME SÉPULTURES

L'association des rites funéraires et des fleuves sacrés est largement répandue. Un peu partout, et même en Europe, contes et légendes font état de sacrifices humains accomplis près de rivières ou de fontaines sacrées.

Les LoDagaas du nord du Ghana jettent les corps de ceux qui sont morts en état de souillure spirituelle dans les rivières, afin de purifier la communauté.

Aux Indes, la dispersion des cendres sur les eaux saintes du Gange permet à l'âme de se baigner dans le corps de la déesse Ganga. Le confluent du Gange et de la Yamuna (Jumna), son premier affluent, est un lieu particulièrement sacré : les cendres du Mahatma Gandhî y furent jetées.

En Chine, les âmes des noyés étaient censés hanter les rivières, à la recherche de corps vivants pour se réincarner

Cadavres incinérés sur les bords du Gange, l'un des sept fleuves les plus sacrés de l'hindouisme

Le Gange (Inde)

Artère spirituelle de l'Inde, le Gange est personnifié à travers la déesse Ganga, descendue sur terre par la grâce des dieux pour récompenser le roi Bhagiratha de ses longues années d'adoration dans l'Himalaya. Afin de prévenir les désastres éventuels causés par la fureur des eaux, le Seigneur Shiva, qui méditait sur le mont Kailasa, avait enfermé le fleuve dans ses cheveux. L'histoire de la descente du fleuve sur terre est célébrée dès l'arrivée de la mousson, chaque année au milieu du mois de juin, lors des cérémonies de Ganga-dussera.

L'origine céleste du Gange rend ses eaux saintes, car elles constituent l'essence même de la déesse, son énergie femelle, connue sous le nom de *sakti* : y boire et s'y baigner sont donc des rituels sacrés. Première agglomération plantée sur ses rives au débouché de l'Himalaya, la ville de Rishikesh voit affluer des foules de tout le pays ; il en est de même à Hardwar, située plus au sud et où les eaux sont les plus sacrées, et à Varanasi (Bénarès), la cité sainte de Shiva. Pèlerin bouddhiste qui passa de Chine en Inde au VIIe siècle ap. J.-C., Hiuen Tsiang remarquait déjà la présence de « centaines de milliers » de personnes faisant leurs ablutions dans les ghats de Hardwar. Utilisées lors des mariages et des funérailles, les eaux du Gange sont encore aujourd'hui mises en fioles et emportées par les dévots.

Bien que désormais contrôlées par des barrages qui fournissent de l'énergie et préviennent les crues, les eaux du Gange continuent d'emporter vers la mer des prières, des offrandes et des cendres.

Le Gange prend sa source à 4200 m d'altitude (ci-dessus), sous le pic Shivalingua dans l'Himalaya. De nombreux pèlerins se rendent sur ce site sacré où ils entendent les voix des esprits, nées des vents qui cinglent les parois glacées. La rivière descend des montagnes et s'unit à d'autres cours d'eau pour former le grand fleuve.

Débarcadères en pierre, escaliers, temples dorés et palais, s'étendent sur six kilomètres le long du Gange, à Varanasi (ci-dessus), permettant de recevoir les nombreux pèlerins. Ceux-ci font leurs ablutions, tandis que la fumée des crémations s'élève de ghats spéciaux.

Le Gange donne l'espérance aux pèlerins qui se pressent sur ses rivages. Au coucher du soleil, les cloches des temples retentissent et des esquifs en feuilles, remplis de pétales de fleurs et de bougies allumées, sont mis à l'eau pour que le fleuve porte les prières au ciel.

À l'exception de la région d'Hardwar où le poisson est sacré, les bateaux de pêche sont nombreux sur le Gange.

Le Gange subit d'incroyables transformations sur les 2 507 km de son parcours à travers le paysage indien. Torrentueux au départ, dévalant gorges

et montagnes, il s'étale ensuite en une vaste plaine qu'il fertilise, et se jette enfin dans le golfe du Bengale par le plus grand delta du monde.

Les fêtes de Kumbh Mela ont lieu tous les douze ans, au moment où le soleil, la lune et les étoiles se trouvent dans un alignement particulier du zodiaque hindou. Les pèlerins se rendent alors par millions dans la ville d'Allahabad, au nord du pays, où se déroulent des festivités durant lesquelles il est considéré comme bénéfique de se baigner dans le fleuve.

Mers et lacs

Les lacs tiennent une place importante dans l'ensemble architectural des temples thébains de Louxor et Karnak. Ci-dessus, le lac sacré d'Amon.

Symbole de la dynamique de la vie, la mer est l'élément inépuisable d'où tout sort et où tout retourne. Image métaphorique d'une sagesse impénétrable et symbole psychologique de l'inconscient, la mer représente aussi la puissance maternelle.

Calmes ou déchaînés, les océans se transforment en l'espace d'un instant. Éléments et sources d'abondance dans toutes les civilisations maritimes, ils sont aussi perçus comme dangereux, non seulement en raison des tempêtes mais aussi des menaces recélées dans l'univers sub-aquatique.

Les océans représentaient le sang du géant primordial Ymir dans la mythologie nordique, et d'anciennes légendes mentionnent les noms des déesses géantes de la mer Hafgygr et Margygr, qui provoquaient les naufrages. Inspirés des légendes des gens de mer, les plus anciens planisphères européens mentionnaient souvent des monstres marins.

Nombre de lugubres histoires tirées du folklore marin, et dans lesquelles la vie quotidienne est hantée par des esprits, traduisent l'emprise de la mer sur tous ceux qui vivent à son contact.

Les Estoniens racontent que Näkk, esprit de la mer Baltique, apparaissait parfois sous la forme d'un cheval, qui galopait sur le rivage et entraînait les enfants sous les vagues. De temps à autre, il brouillait la vue de ses victimes qui, ne sachant plus distinguer la terre ferme de la mer, allaient à leur perte.

Intermédiaires occultes, associés au pouvoir enchanteur de la femme (notamment dans la légende arthurienne) et de la mort, les lacs apparaissent souvent comme des abîmes, et des lieux de séjour nocturne du soleil (en raison de l'apparente immersion de celui-ci lors de son coucher).

Les monstres marins représentés sur cette carte de l'Afrique datant du XVIIᵉ siècle symbolisent les dangers encourus par les navigateurs.

LA MER MORTE

Au cœur d'une région désertique, la mer Morte est, comme son nom le suggère, un lieu écrasant, sans vie, et qui, dans les textes hébraïques, symbolise l'aridité d'un ascétisme à l'état pur. Mer fermée, située à 400 m en dessous du niveau normal des mers, la température estivale y atteint plus de 40 °C. Seules quelques bactéries et quelques plantes adaptées survivent à la salinité ambiante.

Chargée de sel, la mer Morte est située au point le plus bas de la planète.

L'évaporation et le débit irrégulier des rivières qui alimentent la mer Morte provoquent des écarts de profondeur variant entre + et - 60 cm. Monticules et colonnes de sel composent le paysage environnant.

Les villes bibliques de Sodome et Gomorrhe devaient se situer sur les rives méridionales de ce lac immense, et le décor, aussi aride que salin, semble avoir été planté là pour les besoins de leur destruction. Ne voulant pas châtier Lot, sa femme et ses deux filles, les seuls Justes de Sodome, Dieu leur permit de fuir, à la condition de ne jamais se retourner. La femme de Lot, qui ne put s'empêcher de jeter un coup d'œil en arrière, fut immédiatement changée en statue de sel.

Indirectement, la mer Morte est aujourd'hui au cœur d'une vive controverse. Connus sous le nom de « Manuscrits de la mer Morte », d'anciens textes sémitiques furent découverts dans des grottes avoisinantes, à Qumran, entre 1947 et 1958 ; certains spécialistes leur attribuèrent une origine essénienne. L'intérêt soulevé aujourd'hui par la secte des esséniens, qui fleurissait il y a environ deux mille ans, réside en partie dans leur mode de vie quasi érémitique, et dans les liens (supposés, mais non prouvés) qu'ils auraient pu entretenir avec Jean-Baptiste ou Jésus.

LA DAME DU LAC

Prophétesse aux pouvoirs magiques, la Dame du Lac est mentionnée pour la première fois dans *Lanzelet*, récit allemand d'Ulrich von Zatzikhoven (1190), adaptation d'un récit français perdu mais totalement différent du *Chevalier à la charrette* de Chrétien de Troyes (1179). Dans le *Lancelot en prose* du milieu du XIIIe siècle, elle apparaît comme la tutrice spirituelle du chevalier, et lui offre un anneau qui le protégera des sortilèges et lui fera obtenir l'amour de la reine Guenièvre. Adversaire de la fée Morgane, connue sous divers noms – Viviane, Nimiane et Nemué dans *La mort d'Arthur*

de Sir Thomas Malory – la Dame du Lac est l'amante de Merlin, qu'elle emprisonne dans un arbre, une tombe ou une grotte. Certaines versions de la légende en font une voyante, qui refusait de prophétiser afin de ne pas accroître le nombre de décès.

Les romans de chevalerie ne s'accordent pas sur sa demeure qui pouvait être la mer, un monde au-delà des mers, une île au milieu d'un lac, ou le miroitement des eaux d'un lac.

Sa cour est exclusivement féminine, à l'exception de Lancelot, ce qui la rapproche de l'« Autre Monde » celtique, perçu comme un univers féminin. Malory est le seul à voir en elle la Dame offrant son épée au roi Arthur.

Dans la version de Malory, la Dame du Lac lève le bras pour offrir à Arthur son épée magique. Elle la récupère au moment où ce dernier agonise sur la berge.

De la pierre

Le dôme en grès d'Ayers Rock (Uluru) est un des sites les plus sacrés chez les aborigènes d'Australie.

Comparée à la durée d'une vie humaine, la pierre semble immuable, éternelle : ceci explique peut-être que nombre de cultures traditionnelles l'associent au monde surnaturel et au monde divin. La pierre peut conserver la chaleur, le froid, l'eau et la lumière (notamment par les gemmes) : autant de propriétés particulières qui, alliées à sa solidité, en fondent le symbolisme. Les mégalithes préhistoriques, mais aussi les amulettes ou les couteaux de sacrifice en pierre, reflètent bien son caractère sacré.

Pèlerins baisant la pierre de Blarney Castle (Irlande)

Les rochers passent souvent pour des demeures d'êtres surnaturels. Les Samis de Russie septentrionale sont ainsi convaincus que certaines pierres de forme bizarre, connues sous le nom de *seite*, sont habitées par des esprits qui gardent la faune environnante. Une légende remontant à 1671 fait état d'une cérémonie au cours de laquelle on sacrifia un renne à l'un d'eux, afin d'assurer une chasse fructueuse. Pour les chasseurs-collecteurs Toungouzes du nord de la Russie, le maître des Forêts est un génie dangereux pouvant prendre la forme d'un rocher : par crainte de le déranger, ils évitent soigneusement toute rocaille ayant apparence humaine ou animale. Ailleurs, ce sont les pierres et des rocs empilés qui sont considérés comme des divinités : au sud des Indes, par exemple, ces empilements, qui garnissent les temples des villages, sont honorés comme des *ammas*, ou divinité féminines locales qui protègent les villages.

Les pierres elles-mêmes se voient parfois attribuer des propriétés sacrées ou magiques : il est fréquent que les promontoires ou les affleurements rocheux d'une forme assez étrange, associés à l'énergie spirituelle, fassent l'objet de prières ou bien d'offrandes. Le pouvoir fécondant des pierres levées et autres monolithes est bien connu en Bretagne, comme ailleurs. Le don d'éloquence (voir photo, page précédente) vient à ceux qui baisent telle pierre particulière à Blarney Castle, en Irlande : cette croyance s'appuie sur un symbolisme oraculaire qui déborde le monde celtique. Les petites pierres peintes du temps de la préhistoire, et trouvées sur un site rupestre dans l'ouest canadien, semblent avoir été des amulettes : l'usage de pierres comme talismans est, en effet, presque universellement répandu.

En Grèce ancienne, les voyageurs qui voulaient se placer sous de bons auspices avaient coutume d'empiler des pierres en bétyles à caractère souvent phallique qui jalonnaient les routes, surmontés de la statue d'Hermès, dieu des communications et des déplacements.

Le symbolisme spirituel des pierres est souvent lié à une tribu ou une nation. Une pierre sculptée marquait l'emplacement de l'*omphalos* de Delphes (voir pages 24, 25, 88 et 89).

Les rois d'Écosse étaient couronnés à Scone sur Fife, sur une « pierre du destin » dont le caractère sacré provenait d'une légende affirmant qu'elle aurait servi au pa-

Voyageurs dansant devant un hermès, obélisque représentant le dieu grec du même nom

triarche Jacob pour reposer sa tête lorsqu'il rêva du destin du peuple d'Israël. Arrivée on ne sait comment du Proche-Orient jusqu'en Irlande, berceau des Écossais, cette pierre fut retrouvée à Scone, où elle devint un symbole national pour les cérémonies de couronnement. Après sa victoire sur les Écossais, le roi Édouard Ier d'Angleterre (qui régna de 1272 à 1307) emporta la pierre à Londres où elle fut scellée sous un nouveau trône de couronnement, pour symboliser l'assujettissement de l'Écosse au royaume d'Angleterre.

Le trône du couronnement de l'abbaye de Westminster, à Londres, enchâsse la pierre de Scone rapportée d'Écosse par Édouard Ier en 1296.

Fossiles et météorites

Les météores sont des débris de corps célestes qui se désintègrent en entrant dans l'atmosphère.
Les météorites proviennent de débris plus volumineux. La trace d'un météore lumineux est ici nettement visible.

Seuls visiteurs sidéraux sur la terre, les aérolithes ont souvent été vus comme imprégnés d'énergie spirituelle. Leur place dans les croyances religieuses révèle assez leur puissance d'évocation. Selon certains récits légendaires, Mithra, le dieu perse de la lumière dont le culte se popularisa dans tout l'Empire romain, naquit d'une pierre cosmique en fusion, probablement une météorite. Centré à Pergame, en Asie

Les musulmans font sept fois le tour de la Ka'aba (au centre) au début et à la fin du pèlerinage de La Mecque.

Mineure (aujourd'hui, en Turquie), le culte de la déesse-mère Cybèle avait pour expression concrète la dévotion rendue à une petite statuette en argent dans laquelle était enchâssée une pierre noire, presque certainement une météorite. Le pouvoir de cette effigie était tel que l'oracle de Delphes en recommanda le transport à Rome, en 204 av. J.-C., afin de soutenir la cité dans sa lutte contre Carthage.

Devoir sacré pour des millions de musulmans, le pèlerinage à La Mecque est une occasion d'honorer la Ka'aba dans la Grande Mosquée, considérée comme le haut lieu le plus saint de l'Islam. Scellée dans un angle de la Ka'aba, la Pierre noire, très certainement une météorite, apportée, dit-on, sur la terre par l'archange Gabriel. Avant d'entrer dans le sanctuaire et de toucher ou baiser la Pierre noire, les pèlerins accomplissent sept fois le tour de la Ka'aba.

L'association des corps pierreux d'origine terrestre avec la puissance céleste est fréquente. Ainsi la tribu africaine Numana de la région du fleuve Niger vénère des petits cailloux censés être des fragments du dieu Ciel tombés sur la Terre : ils sont placés sur des sortes de monticules où ils reçoivent des sacrifices.

Témoins aujourd'hui de l'évolution des espèces, les pierres fossilisées exerçaient, bien avant l'âge scientifique, une indéniable fascination. Leur étrange apparence retenait indiscutablement l'attention des populations préhistoriques : il n'est pas rare de découvrir des artefacts de pierre délibérément ornés d'inclusions animales ou végétales sur des sites remontant à cette époque.

Le mystère qui s'attache aux fossiles est encore puissant dans les sociétés non touchées par les découvertes scientifiques. Certaines populations tribales finno-ougriennes voient dans les bélemnites, mollusques allongés en forme de calmar que l'on trouve sur les plages de la Baltique, les doigts d'un esprit de l'eau.

Les fossiles en eux-mêmes sont parfois traités comme des objets sacrés. En Indonésie, le forage d'un puits donne lieu à

Vieux de 66 millions d'années, les fossiles d'ammonites sont universellement répandus.

une cérémonie au cours de laquelle on unit rituellement une ammonite – coquille fossile d'un mollusque considéré comme sacré – et un plant de basilic, qui représente un jardin : cette curieuse union est censée garder l'eau à la fois douce et courante.

Creusé par un météore, le cratère de Wolf Creek, en Australie occidentale, mesure près de 600 m de diamètre.

LA PIERRE PHILOSOPHALE

La « pierre philosophale » était, selon la croyance populaire, une substance insaisissable recherchée par les alchimistes afin de transformer des métaux ordinaires, comme le plomb, en or. Leur dessein était pourtant autre : il s'agissait de découvrir la voie spirituelle permettant d'opérer la transmutation de l'esprit et de la matière

Gravure du XIXᵉ siècle montrant un alchimiste changeant le plomb en or

en un état d'ultime perfection. La transformation physique des métaux constituait simplement pour l'alchimiste un indicateur de sa progression. Paradigme du développement spirituel de l'homme, l'alchimie et la « pierre philosophale » étaient, selon C.G. Jung, des processus psychologiques aboutissant à une expérience décisive dans la réalisation de soi ou processus d'individuation.

Formations rocheuses et affleurements

Les formations rocheuses remarquables par leur géométrie sont gratifiées d'une origine surnaturelle. Devil's Post Pile, *d'origine volcanique (Californie.).*

Sioux des plaines du Dakota méridional laissaient parfois des offrandes de tabac et de grains de prière sur un promontoire rocheux comportant des traces de pas humains. Chez les aborigènes d'Australie, on dit que les Djanggawul possédaient des organes sexuels si longs à l'époque de leur errance du « Temps de Rêve » qu'ils traînaient sur le sol, et laissèrent ainsi des traces indélébiles dans le paysage.

La croyance selon laquelle des esprits habitent réellement les formes rocheuses étranges est fortement enracinée. Ainsi, les aborigènes de l'Australie septentrionale affirment qu'une race de tricksters surnaturels, les *mimi*, logent dans les fissures de la paroi abrupte d'Arnhem Land. En Amérique du Nord, l'image ocre d'une figure cornue, peinte par les Algonquins sur le Painted Rock Channel, au bord du lac de Woods, est censée représenter un esprit nichant dans le roc. Des êtres du même type, les *maymaygwayshiwuk* font l'objet de croyance dans la tribu Ojibwa (voir page suivante) où l'on dit qu'ils sont les auteurs des figures ocre rouge dispersées sur le territoire.

Les saillies rocheuses importantes figurent dans les paysages mythiques de nombreux peuples. Pour les peuples chasseurs-cueilleurs, elles constituaient des lieux à partir desquels les ancêtres surnaturels vaquaient à leurs occupations quotidiennes. Les entrailles naturelles du rocher étaient parfois assimilées à des empreintes de pas ou à d'autres traces humaines prouvant le passage d'entités surnaturelles. Les Indiens

Les rochers sont parfois considérés en eux-mêmes comme des animaux, des humains ou des êtres surnaturels transformés en pierre. Une formation rocheuse située sur les falaises de Matsuura, dans le district de Kyushu au Japon, représente une femme, membre de la cour impériale, pétrifiée à la vue de son époux cinglant vers le large lors d'une expédition en Corée en 457 ap. J.-C. Penchée en avant et traînant sa robe derrière elle, son regard à jamais figé scrute encore le bateau qui s'éloigne. Dans les monts Kimberley occidentaux, au nord-ouest de l'Australie, les aborigènes identifientune formation rocheuse tout entière comme des *wandjina*, ancêtres du peuple Araluli, pétrifiés alors qu'ils péchaient la morue. La tradition judéo-chrétienne rapporte enfin comment la femme de Lot fut changée en statue de sel au moment où sa famille, épargnée du châtiment de Dieu, fuyait la destruction de Sodome : les minces affleurements de roches salées caractérisent le paysage biblique (voir page 65).

Proches du ciel, les hauts promontoires rocheux sont souvent vénérés comme des lieux de séjour des divinités. C'est le cas du Spider Rock, dans le canyon de Chelly, en Arizona (voir pages 74 et 75), et celui de nombreux autres sites semblables en Europe, dédiés à Apollon ou à l'archange saint Michel, par exemple (voir pages 146 et 147).

Les noms donnés aux rochers reflètent souvent une tendance à l'anthropomorphisme. Cette colonne rocheuse, sur la côte écossaise des Orcades, se nomme le « Vieil Homme ». L'action érosive de la mer, sapant continuellement la base du petit promontoire, en a finalement provoqué l'éclatement qui est à l'origine de la colonne.

La Chaussée des Géants est un ensemble de hautes colonnes naturelles basaltiques situées sur la côte du comté d'Antrim, au nord de l'Irlande. La mythologie y voit l'œuvre du héros Finn mac Cumhaill (le Fingal écossais) ; elle servait d'accès à la grotte de Fingal, phénomène géologique similaire situé sur l'île de Staffa, dans les Hébrides.

LES ESPRITS DU ROC

La croyance selon laquelle certaines masses rocheuses abritent de petits génies est très répandue chez les peuples indigènes d'Amérique. Les Ojibwas de la région des Grands Lacs les nomment *maymaygwayshiwuk*. Ils nichent dans les creux des parois rocheuses bordant les lacs, d'où ils s'approchent en rampant pour voler des cannes à pêche et taquiner éventuellement les voyageurs.

Les Micmacs de la Nouvelle-Écosse évoquent des entités similaires, nommées *hamaja'lu*, qui incisent la roche. Un examen rapproché permet aux passants de se reconnaître dans ces dessins. Les Senecas de l'État de New York, quant à eux, célèbrent un rituel en l'honneur de petits êtres qui auraient, jadis, secouru un jeune de la tribu égaré dans leur domicile rocheux.

Grottes et crevasses

Obscurs et mystérieux, tous les orifices débouchant des profondeurs de la terre provoquent des sensations contrastées. Certains n'y voient que des lieux humides, clos, sans aération, infestés de chauves-souris ou d'autres créatures nocturnes, et n'auraient pas l'idée d'y élire domicile, à moins d'y être contraints. D'autres, au contraire, réagissent plus positivement aux connotations anciennes et sacrées des grottes et des crevasses.

Les artistes du paléolithique ont pu certainement chercher l'illumination spirituelle dans l'obscurité des profondeurs. La crainte parfois inspirée par les grottes et les cavernes pourrait bien n'être qu'un phénomène moderne, car leurs boyaux et leurs fissures ont dû, tout d'abord, assurer le

Chauves-souris et autres créatures nocturnes envahissent, la nuit venue, une grotte camouflée dans la jungle de Bornéo.

Les premiers moines chrétiens transformaient en chapelles et en cellules les cavités des parois rocheuses et les cheminées des fées de Cappadoce (Turquie).

confort et la sécurité aux peuples primitifs en les abritant contre des intempéries et en les protégeant des attaques de voisins hostiles. L'obscurité devait alors laisser indifférents des hommes qui ignoraient tout de la lumière artificielle.

Grottes et cavernes n'en ont pas moins inspiré des sentiments divers dont l'origine est conditionnée par des croyances relatives à la création et à la mort. Suggérant l'idée de la naissance, les ouvertures dans le corps de la Terre sont fréquemment liées aux mythes d'émergence.

Ainsi en est-il de la grotte du mont Ida, en Crète, dont la légende fait un des berceaux de Zeus. Selon la tribu sud-africaine des Anyanjas, tous les êtres vivants ont émergé d'un même orifice souterrain au lieu dit Kapirimtiya, situé à l'est du lac Nyasa, et ils y ont même laissé les empreintes de leurs pieds.

Les grottes débouchent cependant aussi sur les Enfers, sinistre séjour des morts. Héros légendaire de l'épopée mésopotamienne datant du IIᵉ millénaire av. J.-C., Gilgamesh, poursuivi par la haine de la déesse de l'amour Ishtar, fut contraint de parcourir un couloir long de plus de douze lieues dans l'obscurité la plus complète des profondeurs du mont Mashu, avant d'atteindre enfin le royaume souterrain du soleil.

Chez les Mexicains, les grottes sont associées aux divinités de la pluie et au symbolisme de la fertilité, tandis qu'en Chine, les empereurs y avaient leurs sépultures et s'y réincarnaient.

Originaires du sud-ouest des États-Unis, les populations préhistoriques anasazis construisaient des habitations dans les fentes rocheuses. Cliff Palace (Colorado) que l'on voit ici, possédait plus de 200 pièces et 23 salles de

LES GROTTES DANS LES CROYANCES POPULAIRES MÉSO-AMÉRICAINESS

La caverne tenait une place importante dans les croyances méso-américainess. Le soleil et la lune y étaient nés ; les premières tribus nahuas avaient, selon la tradition, émergé du sol au lieu dit « Chicomoztoc » ou « lieu des sept grottes », que certains chercheurs assimilent à l'Arizona en émettant l'hypothèse d'une lointaine parenté entre les Nahuas et le peuple anasazi, qui habitait les grottes naturelles nichées dans les falaises (voir pages 74 et 75).

L'utilisation de grottes comme temples naturels est également très courante. Le dieu Centeotl était né dans une caverne, et le coton et certaines plantes comestibles poussaient sur les diverses parties de son corps. Divinité de la pluie et de la terre, Tlaloc était honoré par le sacrifice annuel de quatre enfants que l'on emmurait ; les peaux écorchées des sacrifiés étaient placées dans une grotte artificielle de la pyramide de Yopico, à Tenochtitlan, et servaient d'offrande à une divinité de la végétation.

Si forte était la puissance de la grotte qu'elle influença le choix de l'emplacement de la Pyramide du Soleil, monument le plus important de Teotihuacan, la « cité des dieux » pré-aztèque. Bâtie au Ier siècle avant notre ère, elle s'élevait sur l'emplacement d'un ancien site sacré, également composé d'une grotte et d'un sanctuaire souterrain. Un tel choix permettait aux habitants d'espérer que l'ancienne puissance de la Terre serait associée au nouveau monument au fur et à mesure de sa construction.

Les grottes tenaient également un rôle important chez les Incas, dont le mythe originel rapporte que leurs ancêtres – trois frères et trois sœurs – émergèrent de trois grottes situées à Pacariqtambo (le « lieu des origines »), près de Cuzco.

Le canyon de Chelly (Arizona)

Le canyon de Chelly entaille profondément les bancs de grès rouge de Defiance Plateau, au nord-est de l'Arizona. Il doit son origine à l'action d'un grand cours d'eau qui prend sa source dans les monts Tunicha et, après un sinueux parcours, disparaît cinquante kilomètres plus loin dans les plaines d'armoises et de genévriers. La désagrégation des roches en multiples découpes spectaculaires a sculpté les gorges où s'entremêlent des parois abruptes, des dômes arrondis et des cuvettes.

L'érosion ayant entraîné la formation d'abris sous roches très étendus, le peuple agraire des Anasazis sut assembler mortier de boue, pierres et bâtons pour édifier des habitations à plusieurs étages adossées aux parois des falaises. Certaines de ces installations n'étaient accessibles qu'à l'aide d'échelles ou de prises rudimentaires creusées dans le roc. Les Anasazis couvrirent également les grottes et les abris du canyon de peintures et de gravures représentant des animaux, des silhouettes humaines, des figures en spirale, et toutes sortes de motifs géométriques.

Apparus pour la première fois dans cette région il y a environ deux millénaires, les Anasazis quittèrent peu à peu leurs habitats dispersés pour se regrouper dans le canyon après le VIe siècle de notre ère. L'apogée de leur influence dans le sud-ouest se situe aux alentours du XIIe siècle mais, en moins d'un siècle, ils abandonnèrent complètement les lieux et disparurent.

Inoccupé pendant des siècles, le canyon de Chelly reprit vie au XVIIIe siècle avec l'arrivée des Navajos venus du Nouveau-Mexique.

Le canyon de Chelly a servi de refuge pendant des millénaires. Les Anasazis, ou Vanniers, furent les premiers occupants, entre 2500 et 2000 av. J.-C environ, et laissèrent dans les grottes des paniers tressés. Au Ve siècle de notre ère, ils avaient déjà édifié des maisons à l'abri des hautes falaises, qui inauguraient l'époque des constructions monumentales à flanc de paroi.

En amont du canyon, le cours d'eau Chinl Wash, bordé de sable blanc, serpente entre des parois de grès aux couleurs vives, hautes d'environ 10 m, qui s'élèvent au fur et à mesure que les gorges s'enfoncent dans le plateau. À mi-parcours, au confluent du Monument Canyon, celui-ci domine de 300 m le lit de la rivière dont les eaux sont, à cet endroit, totalement absorbées par l'épaisse couche de sable ; les violents orages d'été peuvent néanmoins gonfler le débit des eaux qui rugissent alors au fond du canyon.

Petite agglomération de constructions, White House fut édifié par les Anasazis au cours de la grande époque des Pueblos (environ 1050 ap. J.-C.) et comprend deux parties : l'une reposant sur le fond du canyon et adossée à la paroi de la falaise, l'autre, nichée beaucoup plus haut dans un abri sous roche à flanc de paroi. À l'origine, un bâtiment à quatre étages reliait ces deux niveaux. Les installations inférieures comptaient environ 45 à 60 pièces, et une kiva ou salle de cérémonies. Les murs des abris étaient tapissés de peintures rupestres. Ultérieurement, les Navajos placèrent des coffres sépulcraux dans les deux vestiges.

Les premières peintures rupestres furent l'œuvre des Anasazis, bâtisseurs Pueblos. Les Navajos prirent leur suite.

Le Spider Rock (ci-dessus) est le paysage géologique le plus tourmenté du canyon, qu'il domine d'une hauteur de 245 m.

Au début de leur implantation dans le canyon de Chelly, les Navajos affrontèrent les soldats espagnols puis les conquérants américains. Ci-dessus, deux Navajos contemplent les remous du torrent.

ÉTATS-UNIS

MEXIQUE
109°25'O

Les montagnes

Les montagnes semblent toucher le ciel. De ce fait, bien des cosmologies en font le centre du monde, et le lien entre celui-ci et la voûte céleste. Souvent qualifiés de sacrés, les sommets permettent aux mortels d'approcher un peu l'univers spirituel.

Selon les textes hébraïques, Moïse parla à Dieu et reçut les tables de la Loi au sommet du mont Sinaï, dont la localisation exacte demeure incertaine. Le prophète Élie triompha des prêtres de Baal sur le mont Carmel, et entendit la parole divine sur le mont Horeb ; l'Ascension de Jésus se situe au mont des Oliviers. La haute crête de Bear Butte, dans les plaines du sud Dakota, est sacralisée par les indigènes qui s'y livrent à des quêtes visionnaires (voir pages 42 et 43) et à d'autres rituels.

Le mont Fuji est le lieu le plus sacré du Japon. Les membres de la secte Fujiko prétendent qu'il a une âme.

Plus encore dans les régions où l'altitude permet aux sommets de flirter avec les nuages, les montagnes sont considérées comme les demeures privilégiées des dieux et des déesses. Selon les Pima de Californie, une puissante divinité nommée Siuhu (le « Frère aîné »), protectrice et dispensatrice de la pluie et des récoltes – en particulier de celle du tabac –, habite au fond d'un souterrain, labyrinthe au cœur des hautes montagnes qui environnent leur pays.

Le shinto japonais ne considère pas le mont Fuji comme un simple lieu de séjour des divinités : certains y voient également leur incarnation même. Les Navajos, eux aussi, se représentent certaines de leurs montagnes comme les formes corporelles de deux grandes divinités : l'une, mâle, qui régit toute la flore et la vie sauvage, l'autre, femelle, qui domine sur l'eau et les créatures aquatiques. La déité mâle

Cette peinture hindoue datant de 1690 environ et provenant du Rajasthan représente le dieu Krishna utilisant le mont Govardhana pour soustraire des villageois à un orage déclenché par le dieu Indra.

Selon la Genèse, l'arche de Noé échoua au sommet du mont Ararat (Turquie) après le Déluge.

s'étire sur les deux chaînes montagneuses de Chuska et de Carrizo : ses jambes pendent le long de cette dernière tandis que sa nuque épouse la forme d'un col et que sa tête repose sur le pic Chuska. Les pieds et le corps de la déité femelle, couchée en travers de la vallée, sont allongés sur les divers mésas, tandis que sa tête est supportée par le mont Navajo.

Certains peuples associent les rochers d'une montagne aux os, les cours d'eau au sang, la végétation aux cheveux et les nuages à la respiration.

Le mont doré du Méru est, pour les hindous et les jaïnistes, le centre du cosmos : ses racines plongent dans les Enfers et, à l'image d'une fleur de lotus épanouie, son sommet est plus large que sa base. Demeure des dieux, cette montagne représente le toit protecteur dans les temples de l'Inde.

Figurant le centre du monde dans de nombreuses traditions (voir pages 24 et 25), les montagnes représentent également les confins symboliques de la terre, et elles sont censées protéger le territoires des peuples élus vivant à leurs pieds. Cette protection, toutefois, peut dépendre de pèlerinages ou de sacrifices, comme ceux qu'accomplissaient en terre aztèque les habitants de Tenochtitlan, la ville-capitale ceinturée de chaînes de montagnes.

Dans le folklore de l'Europe du nord, les montagnes servent parfois d'habitat à des gnomes très sympathiques mais fort espiègles, spécialisés dans le travail des métaux et le façonnage d'anneaux magiques et d'épées.

VISAGE TORDU

Chez les Iroquois du nord-est américain, il existe une société secrète connue sous le nom de *False Face Society* (Société du Faux Visage). Au cours des rituels, ses membres revêtent des masques en bois sculpté représentant les divers esprits iroquois censés vivre dans la forêt sous forme de visages désincarnés. On raconte qu'à l'origine, l'un de ces esprits, appelé Visage Tordu, fut impliqué dans une confrontation dramatique avec une montagne. Selon la légende,

Visage Tordu était un géant vivant non loin des montagnes Rocheuses. Un jour, il rencontra le Créateur et tenta de prouver à ce dernier qu'il avait créé la Terre. À l'appui de leurs arguments, chacun décida de démontrer à l'autre qu'il pouvait faire bouger une montagne par magie. Le géant interpella donc la montagne et celle-ci remua doucement. À son tour, le Créateur héla la montagne et celle-ci se précipita au devant de lui. À cet instant, le géant se retourna : elle lui écrasa le visage et lui cassa le nez.

Masque représentant l'esprit « Visage Tordu » (Twisted Face) des Iroquois

Volcans et feux surnaturels

L'éruption d'un volcan concrétise de manière terrifiante la puissance enclose dans la terre. Le feu et la cendre projetés vers le ciel, et retombant en une pluie dévastatrice, évoquent immanquablement la fureur de monstres souterrains et la colère des dieux.

Le volcan hawaiien Kilauea, associé à la déesse Pele

Ainsi, les Grecs pensaient que le monstre à cent têtes, Typhon, était soumis aux divinités et enchaîné dans les profondeurs de l'Etna : cherchant à se libérer, il secouait la terre et crachait flammes et fumées.

Il existe pourtant une manière plus positive de percevoir les volcans : la mythologie du peuple Tsimshian de Colombie-Britannique explique comment le génie Raven tira la lumière qu'il donna aux hommes, d'un volcan côtier aujourd'hui éteint.

Tsunami provoqué par une éruption volcanique dans l'île de Krakatoa (Indonésie)

Toutefois, malgré le feu et la lumière qu'ils apportent, ou la fertilisation des sols à laquelle ils contribuent dans les décennies qui suivent leurs éruptions, les volcans imposèrent toujours, par leur capacité de destruction, des sentiments de crainte et de respect. Pour apaiser la colère de Pele, déesse des volcans, on jetait des animaux sacrifiés – le cochon de lait était le plus prisé – dans le cratère du Kilauea, à Hawaii. Aujourd'hui encore, il reçoit des offrandes de nourriture et certains témoins affirment avoir aperçu Pele sous l'apparence d'une vieille femme, avant une éruption.

Même en sommeil ou éteint, un volcan conserve son statut d'être supérieur. Les flancs du volcan Ometepe au Nicaragua sont parsemés de peintures rupestres, de tombes et d'urnes funéraires, qui toutes indiquent une croyance en son pouvoir surnaturel. Autre exemple, à l'époque des rites d'action de grâce, des milliers de pèlerins gravissent chaque année le dôme neigeux du Fuji, volcan en sommeil et montagne la plus sacrée du Japon.

Certains cônes de déjection ont été laminés par des millions d'années d'érosion et ont laissé la place à d'étranges et sinistres colonnes de lave séchée, qui se dressent vers le ciel, et entretiennent chez les hommes un sentiment de mystère. Toujours vénérée par les indigènes, la tour du Diable, dans le Wyoming, fut choisie par les studios d'Hollywood comme base d'atterrissage de l'étrange vaisseau spatial qui apparaît dans le film du célèbre cinéaste Steven Spielberg, *Rencontres du troisième type*.

LES FEUX MYSTÉRIEUX

Pendant la grande éruption de l'île volcanique indonésienne de Kratakoa en 1883, le ciel crépita sous les décharges électriques ; les mâts et les gréements des bateaux scintillaient sous l'action de feux que les marins baptisèrent « feux Saint-Elme ». On crut pendant un temps que ces étranges phénomènes étaient des manifestations tangibles de Castor et Pollux, les fils de Zeus, associés aux orages. Plus tard, les marins en firent les signes avant-coureurs de présages funestes, liés au vaisseau fantôme du capitaine allemand Falkenburg, hantant les mers nordiques avec ses têtes de mâts léchées par les flammes. En fait, les feux Saint-Elme résultent de petites décharges électriques causées par le temps orageux.

Une autre lumière mystérieuse crépite dans l'immobilité silencieuse des marais, en bondissant autour des tombes. L'atmosphère macabre est telle en ces lieux que cette lumière a pu y être perçue comme la manifestation d'un esprit errant baptisé feu follet ou furolle. Ailleurs, elle représente l'âme d'un défunt, ou un esprit maléfique attirant les voyageurs imprudents dans un marécage. Selon une vieille coutume irlandaise, les enfants qui sortent la nuit portent leurs vestes retournées afin de n'être pas séduits par de tels esprits. On sait maintenant que les feux follets sont dus à la combustion de gaz émanant de matières végétales en décomposition.

Le feu follet, autrefois considéré comme un esprit maléfique

Immense cheminée basaltique, la tour du Diable, dans le Wyoming, formait jadis le cœur d'un volcan.

Le Vésuve (Italie)

Le Vésuve, en Italie du sud, est le seul volcan actuellement en activité sur le continent européen, les autres, tels l'Etna et le Stomboli, étant sur des îles. Situé au cœur d'une région à forte activité sismique, non loin de la ligne de contact des plaques tectoniques africaine et eurasienne, il commença à être actif il y a dix mille ans, sous les eaux de la baie de Naples. L'accumulation des débris le fit passer de l'état d'île de cendre et de basalte à celui d'une montagne haute de 1 800 m, au 1er siècle de notre ère.

Les villes romaines très prospères de Pompéi, Herculanum et Stabiae s'étendaient aux pieds du volcan. Un tremblement de terre sévère détruisit une bonne partie de Pompéi et de ses environs le 5 février 63 ap. J.-C. Puis, la violente éruption qui dura trois jours, en 79 ap. J.-C., ensevelit Pompéi et Stabiae sous la cendre et engloutit Herculanum dans une mer de boue volcanique. Le sommet de la montagne s'effondra à la fin de cette éruption.

La région environnant le Vésuve est entièrement volcanique. À moins de 16 km, à l'ouest, Naples s'élève sur des cratères éteints et s'étire entre le Vésuve et les champs Phlégréens, ensemble de dix-neuf cratères en activité d'où, selon le poète romain Virgile (70 av. J.-C.-19 ap. J.-C.), s'écoulait le sang des géants vaincus par les dieux. Le poète affirmait encore que le Vésuve reposait sur le crâne d'un géant nommé Alcyoneus. Bien des légendes fleurirent à la suite de l'éruption de 79 : on raconta, entre autres, que certains géants bondirent hors de la fumée vomie par le volcan et mirent sauvagement la montagne en pièces.

Tache sombre sur cette vue aérienne, le Vésuve fait partie d'une zone sismique s'étirant le long de la baie de Naples et englobant la grande île volcanique d'Ischia.

Fuite des populations lors de l'éruption du Vésuve en 1906. La longue histoire du volcan débuta vers la fin de la dernière période glaciaire.

Le cratère du Vésuve. Lors de sa dernière grande éruption, en 1944, les coulées transformèrent en champs de magma noir et fumant les villes de Massa et San Sebastiano.

*L'éruption du Vésuve en 1870. Le volcan s'était déjà manifesté trois fois au cours du XIXᵉ siècle :
en 1822, 1858 et 1850. Il explosa une fois de plus en 1872.*

Durant la nuit du 24 août
79 ap. J.-C., le Vésuve entra
en éruption et ses débris
engloutirent les villes de Pompéi
et d'Herculanum. La couche
de cendres et de basalte qui
ensevelit Pompéi atteignit 8 m
d'épaisseur, tandis qu'Herculanum
disparut sous plus de 20 m de
résidus. Beaucoup d'habitants
de Pompéi purent s'enfuir
au cours des deux premiers

jours de la catastrophe,
tandis qu'une pluie de petites
billes basaltiques s'abattaient
sur la ville. Mais les cendres
et les fumées toxiques apparues
soudainement le troisième jour
provoquèrent des asphyxies
en grand nombre. La cendre
solidifiée autour des corps des
victimes les figea dans leur
dernière posture pour
l'éternité (ci-dessus).

Le cratère du Vésuve vu
de la rive opposée de la baie
de Naples. L'éruption de l'an 79
éroda la montagne sur plusieurs
dizaines de mètres.

Minéraux, métaux et pierres précieuses

Sulfate de fer

Feldspath

Quartz

La désagrégation ou la réduction à l'état de sables et d'argiles marque le terme de l'existence d'une roche de notre terre. C'est ainsi que l'ocre rouge, composé d'argile et d'oxyde de fer, est un pigment naturel utilisé dans l'art rupestre depuis l'âge paléolithique, et une substance sacrée servant dans les rituels et dans les peintures sur corps.

C'est sûrement grâce au phénomène de la fusion que les métaux furent considérés

Les Dinkas du bassin soudanais du Nil utilisent des pigments minéraux pour se peindre le corps.

comme matière noble, admis dans une hiérarchie cosmique et associés aux sept planètes traditionnelles.

Le plomb correspondait à Saturne, l'étain à Jupiter, le fer à Mars, le cuivre à Vénus, le mercure à Mercure, l'argent à la Lune et l'or, enfin, au Soleil.

Minéraux et métaux tiennent souvent un rôle important dans les mythes et les folklores. Ainsi, une légende iroquoise de la Création fait état d'un mystérieux étranger qui planta une flèche à pointe de silex dans le sol et féconda ainsi la fille de la première femme ; l'enfant dont elle accoucha était un génie maléfique nommé Flint. Dans le folklore britannique, les éclats de silex sont traditionnellement des pointes de flèche tirées par les fées.

Les minéraux aux motifs inhabituels qui veinent certaines formations rocheuses indiquent souvent les emplacements d'événements surnaturels. À l'aube de notre siècle, une poignée d'Ojibwas qui barbotaient dans une rivière aperçurent des veines de quartz striant une roche granitique multicolore, et ils virent dans ce motif les formes d'une divinité. De même, d'autres tribus voisines affirmaient que les cristaux de mica, plats et très brillants, contenus dans les affleurements de pegmatite, n'étaient autres que les écailles du manitou subaquatique Mishipishew.

Certains aborigènes d'Australie affirment qu'un dieu ouranien jeta un jour des cristaux sur la terre et que cette origine sacrée conféra aux pierres le pouvoir d'aider les chamanes à retrouver les âmes en perdition.

Pour les bouddhistes, tous ces cristaux symbolisent la connaissance spirituelle. Une ancienne croyance en faisait les fragments d'une étoile, ou du trône d'un dieu. Un peu partout en Occident, ils font partie intégrante de la panoplie des diseurs de bonne aventure.

L'Antiquité voyait parfois une analogie entre la formation des métaux et la naissance de la vie humaine.

En Chine, comme en Europe occidentale, les alchimistes pensaient que les minéraux se développaient dans le corps de la terre, un peu comme le fœtus se développent dans le ventre de la femme, et qu'avec le temps, les métaux vils se changeaient progressivement en or, symbole de l'ultime perfection.

Éclat remarquable, imputrescibilité, extrême malléabilité permettant de le travailler et de le réduire à l'état de feuille et de fils, sont autant de qualités qui font de l'or un métal unique et plus précieux que tous les autres. Éternel apanage des élites de ce monde, vivants ou morts, il est un

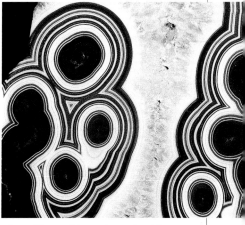

Les motifs concentriques qui apparaissent dans la coupe transversale d'une roche incarnent les forces gigantesques à l'œuvre dans la terre.

symbole quasi universel de sagesse et d'immortalité.

Quant au fer, Hérodote l'associe à la « blessure de l'homme », et les Égyptiens aux os du dieu destructeur Seth.

VALEUR SPIRITUELLE DES PIERRES

Les pierres précieuses symbolisent toujours les trésors cachés de la connaissance et de la vérité ; leur forme et leur découpe figurent l'âme prémunie contre la déchéance du corps.

Chaque pierre précieuse a possède une variété infinie de significations. Dans le folklore russe, le rubis de couleur rouge sang guérissait les hémorragies. Pour les musulmans, c'est aussi sur un rubis que prit pied l'ange qui soutint la terre. Les émeraudes passaient

Le cristal fascine depuis toujours par son caractère magique et sa translucidité.

pour soulager de nombreuses maladies ; elles pouvaient même apaiser les mers démontées.

Les hindous affirment que le premier saphir vient d'une larme de Brahma. Selon une légende juive, le bâton d'Aaron, qui fleurit et porta des fruits pour signifier la puissance de Yahvé, était fait d'un saphir dans lequel étaient gravées les dix plaies qui frappèrent les Égyptiens.

En Perse, le diamant était jadis considéré comme source du mal, tandis que sa brillance et sa dureté lui conféraient ailleurs une valeur spirituelle.

Le sol

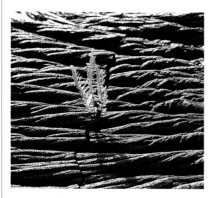

Jeune pousse fleurissant sur lune croûte de lave altérée du mont Kilauea (Hawaii)

La croûte terrestre contient les substances nutritives nécessaires à la quasi-totalité du vivant. Très répandues chez les indigènes nord-américains, les légendes faisant remonter les origines de la Terre à des « plongeurs » mettent en évidence la vitalité du sol ; selon ces mythes, les débris de boue remontés du fond de l'océan primordial par des loutres de mer, des canards et d'autres créatures aquatiques, ont été par magie transformés en terre ferme. Les récits de la création de l'homme font également apparaître le rôle sacré du sol dans les origines de la vie. Mi-homme mi-serpent, Cécrops, que les Athéniens considéraient comme leur ancêtre commun, passait pour être « né de la terre ». Aujourd'hui encore, chez les Achés du Paraguay, tout nouveau-né est posé sur le sol afin d'établir un lien symbolique entre l'enfant et la terre sacrée.

Certaines déités évoquent le rôle essentiel du sol dans l'agriculture. Pour Homère et Hésiode, Déméter était une déesse chtonienne qui s'unit charnellement au héros Jason et produisit ainsi les récoltes essentielles à la survie de l'homme.

Le sol de tel ou tel champs particulier peut parfois être considéré comme d'une fertilité spécifique et magique. Les Tchouvatches, peuple finno-ougrien, pratiquent un rituel de fertilité au cours duquel ils « volent la terre ». Cette cérémonie revêt une grande importance en raison du potentiel spirituel du sol et, partant, de sa fertilité, qui peuvent varier d'une parcelle cultivée à l'autre. Un paysan mal loti peut « voler » une motte de terre plus généreuse afin d'augmenter le rendement de son champ à lui. Les Tchouvatches sont également persuadés que l'essence sacrée du sol, la « mère-champ », peut se transmettre par les sabots d'un cheval.

Le sol fait, en Birmanie, l'objet d'une vénération si générale qu'il est assimilé à l'un des sept métaux terrestres, à l'égal de l'or, de l'argent, du fer, du cuivre, du plomb et de l'étain.

Matière végétale décomposée, la tourbe fut longtemps un combustible.

Essentielle à la fertilité, l'union du sol et de la pluie est sacrée aux yeux de nombreux peuples agraires. Au cours de certains rituels, les danseurs Hopis se couvrent de boue et de charbon de bois en vue de se soigner et de provoquer la pluie. Et lorsque des spectateurs assistent à ce cérémonial, ils les maculent de boue afin de les introduire dans cette célébration de la vie.

La profonde spiritualité qui se dégage des réalisations artistiques obtenues à partir de la boue est particulièrement perceptible à Mud Glyph Cave dans le Tennessee, où le visiteur doit patauger et ramper dans de longs boyaux étroits avant de déboucher sur un extraordinaire ensemble de silhouettes de boue galbées et sculptées à la main. Parmi ces œuvres, qui comprennent des figures costumées et des animaux, on trouve des serpents très suggestifs et des créatures ailées dont l'origine, attribuée aux ancêtres des Cherokees ou Creeks, remonte sans doute au Vᵉ siècle de notre ère.

Le labourage est une activité immémoriale dont les rythmes lents et saisonniers ont pénétré l'inconscient collectif de nombreux peuples agraires. Beaucoup plus dures et lourdes que celles des régions méditerranéennes, les terres du nord-ouest européen n'ont pu être exploitées qu'après l'introduction de la charrue à roue, tractée par des bœufs.

LE SOL ET LA FERTILITÉ

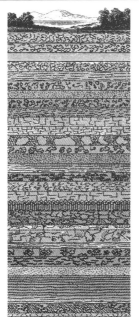

Composant essentiel de la biosphère, le sol est une substance nourricière vitale très complexe. Elle comprend des minéraux désagrégés, des débris organiques en décomposition, et des micro-organismes vivants qui décomposent les déchets organiques et recyclent les substances nutritives nécessaires à la flore.

Peu altérés, les sols jeunes sont riches en silicone, en fer et en aluminium. Pourtant, malgré la stabilité de leur contenu organique due au cycle de décomposition et de régénération, les sols s'appauvrissent sous l'action dissolvante des eaux de pluie.

Expliquant le chaulage agricole, les pertes en minéraux touchent davantage les sols acides que les sols alcalins.

L'érosion des sols par la déforestation (les arbres ont, en effet, une action stabilisatrice), et le ravinement des eaux de pluie menacent l'abondance des récoltes ; celle due au vent peut également se révéler dramatique : la poussière volcanique traversant sans obstacle le Pacifique permet aux scientifiques d'Hawaii de déterminer avec précision le début du labourage de printemps en Chine. En éjectant des minéraux qui, altérés, donnent des sols neufs à haut rendement, les volcans ont une action fertilisante certaine.

Arbres et bosquets

Une représentation de l'esprit Nigeria gravée dans l'écorce d'un arbre de ce bosquet sacré dédié, à la déesse Oshun, à Oshogoo. Bosquets et sous-bois constituent les plus vieux sanctuaires du monde. Les cérémonies druidiques se déroulaient dans les bosquets de chênes ; les druides désignaient par le même mot « sanctuaire », « bosquet » ou « clairière ». Les tribus de la Volga tenaient aussi leurs cérémonies dans des bosquets sacrés, dont chacun était dominé par un arbre sous lequel s'accomplissaient les sacrifices.

Fermement enracinés dans la terre et s'élevant vers le ciel, les arbres représentent un lien avec le cosmos. En raison de leur espérance de vie qui dépasse souvent celle de l'homme, ils symbolisent, par excellence, les notions de temps, de maturité et de longévité.

Selon une légende postérieure au Moyen Âge, le premier chrétien Joseph d'Arimathie toucha l'Angleterre à Glastonbury en l'an 63, planta son bâton dans le sol à Wearyall Hill et contempla sa transformation en aubépine. Un buisson sacré, fleurissant à Noël, devait certainement exister auparavant à cet endroit car, malgré sa destruction par un puritain en 1643, il eut un successeur. En 1951, on replanta un buisson sacré sur la colline.

Bourgeonnement, floraison, chute des feuilles et fructification : ce cycle annuel des arbres à feuilles caduques est une preuve tangible, à grande échelle, de l'existence de forces créatrices à l'œuvre dans la nature. Les arbres sont ainsi devenus des symboles de fertilité. Le peuple Yarralin du Territoires-du-Nord de l'Australie, ont un site spécifique

L'HOMME VERT

Associé en Europe aux régions forestières, l'Homme Vert est un esprit de la nature, dont la popularité était telle que l'on sculptait son image dans les églises médiévales. Connu en Angleterre sous le sobriquet de « Jack in the Green », en Russie et dans les Balkans sous celui de « Green George » (Georges le Vert), on le dépeint avec des cornes et couronné de feuillages. En Russie, on fêtait son pouvoir sur la pluie le jour de la saint Georges, en déguisant un homme en Green George que l'on poussait dans un ruisseau afin d'assurer les pluies d'été.

Symbole européen de la fertilité, l'Homme Vert est représenté ici lors d'une fête du printemps dans une rue d'Angleterre, au début du XIXᵉ siècle.

situé près d'un bras mort de rivière, non loin de Lingara, et datant du « Temps de Rêve », pour leur *karu* ou jeunes gens impubères. Les arbres qui poussent aux alentours sont censés provenir de la semence d'un groupe de *karu* qui avait fait halte en ce lieu ; chaque arbre représente un *karu*, conduit par un vieil arbre mort connu sous le nom de « chef » *karu*. Mélangeant l'argile tiré de la rivière à des débris d'écorce, les hommes fabriquent une potion destinée, selon eux, à attirer les femmes. Celles-ci possèdent aussi leurs arbres du « Temps de Rêve », dont quelques-uns en des lieux où elles peuvent recevoir le germe spirituel nécessaire à la naissance.

Les bosquets sacrés, auprès desquels on priait et méditait, étaient la demeure de dieux et de déesses de la Grèce antique. Les premiers Germains considéraient également les bosquets de chêne comme sacrés ; on raconte qu'ils y pénétraient pour poser des questions essentielles, et que les réponses leur étaient apportées dans le bruissement des feuilles. Aujourd'hui, les néo-païens nomment « bosquet » leurs lieux de rassemblement.

Sur les pentes du mont des Oliviers, le jardin de Gethsémani, lieu de l'arrestation du Christ. Les jardins symbolisent la domestication de la forêt.

LE SYMBOLISME DU FRUIT

Comme l'œuf, le fruit symbolise un état paradisiaque. La vigne représente la fécondité dans de nombreuses traditions, mais les cultures méditerranéennes lui associent la notion de sacrifice auquel l'orphisme rattache le dieu grec Dionysos.

Symbole de fertilité, mais aussi d'amour, de mariage et de reproduction, la grenade, aux nombreuses graines contenues dans une pulpe juteuse, suggère également l'unicité du cosmos.

La pêche, qui, en Orient, représente l'immortalité, la longévité, la jeunesse et la protection magique, est le symbole du fruit par excellence.

Composant essentiel dans le culte du chêne, son fruit, le gland, était l'emblème sacré du dieu scandinave Thor.

Delphes (Grèce)

Delphes est situé au pied d'un ravin abrupt, sur la face sud-ouest du mont Parnasse en Grèce continentale. Selon Homère, Apollon en fit son sanctuaire après en avoir expulsé le serpent Python. Rendu célèbre par son oracle le sanctuaire d'Apollon était, dès le VI* siècle av. J.-C., l'un des plus beaux sites sacrés de l'Hellade. Le dieu y possédait un temple, autour duquel un vaste ensemble se développa au cours des siècles suivants. L'oracle demeura toutefois le cœur du sanctuaire.

La Pythie y délivrait son message sibyllin dans une chambre souterraine du temple qui abritait l'*omphalos*, pierre sculptée considérée comme le centre du monde (voir pages 25 et 26), et sous laquelle on disait qu'une profonde crevasse laissait échapper de fortes émanations de vapeurs qui inspiraient la prêtresse. Le prestige de l'oracle déclina à partir du III* siècle av. J.-C., et le sanctuaire fut définitivement fermé en 390 de notre ère, dans le cadre de la politique de christianisation imposée par l'empereur Théodose.

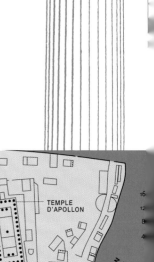

Au IV* siècle av. J.-C., un théâtre (ci-dessus) comprenant trente-cinq rangées de gradins adossés à la pente et pouvant accueillir cinq mille personnes, fut construit sur le site.

À l'intérieur du temple (plan ci-dessus) se dressaient des statues de Zeus et d'Apollon ; les côtés du bâtiment abritaient les trésors, dont quatre trépieds d'or offerts par le tyran de Syracuse, ainsi que d'autres donations : sculptures de dieux, de héros, de chevaux et de chèvres.

*Le premier temple de Delphes fut détruit par un incendie. Reconstruit avec l'aide du pharaon d'Égypte,
il fut à nouveau détruit deux cents ans plus tard par un tremblement de terre. Le dernier temple, dont les ruines
sont encore debout (ci-dessus), fut bâti au IVᵉ siècle av. J.-C. et reposait sur de superbes colonnes doriques.*

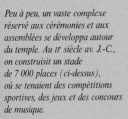

Peu à peu, un vaste complexe
réservé aux cérémonies et aux
assemblées se développa autour
du temple. Au IIᵉ siècle av. J.-C.,
on construisit un stade
de 7 000 places (ci-dessus),
où se tenaient des compétitions
sportives, des jeux et des concours
de musique.

Le dieu grec Apollon (ci-dessus),
auquel était dédié le temple
de Delphes, tua le serpent Python
qui veillait sur le célèbre oracle.
Censé marquer le triomphe
des dieux olympiens de la lumière
sur les forces de l'obscurité,
cet épisode a également
été interprété comme le signe
du déclin définitif de la Terre-Mère
et de son remplacement par un
culte à dominante patriarcale.

Les visiteurs qui allaient consulter
l'oracle faisaient leurs ablutions à la
fontaine de Castalie, puis prenaient
la Voie sacrée après avoir dépassé
le Trésor des Athéniens (ci-dessus).

L'Arbre de Vie

Plongeant ses racines dans le monde souterrain, élevant son tronc vers le ciel et étalant ses branches feuillues sur l'humanité tout entière, l'Arbre de Vie est un puissant symbole de l'unité cosmique : les nombreux mythes de création qui envisagent des mondes ou niveaux d'existence multiples en font un symbole de solidité, d'unité et d'intermédiaire, livrant le passage à l'énergie divine. L'image est universelle et les thèmes varient à l'infini. Pour certaines traditions, l'Arbre de Vie fleurit au paradis ou sur une montagne sacrée. Spirituellement rafraîchissante, une source peut sortir de terre à ses pieds. Un serpent enroulé à la base de son tronc peut symboliser la spirale d'énergie montant de la terre (ou bien la destruction). Les oiseaux nichant dans les branches peuvent représenter les âmes ou les messagers divins ; les fruits symbolisent parfois les corps transfigurés. Véritable réseau de communication, grâce aux nombreuses ramifications de ses branches, l'Arbre de Vie fut souvent considéré comme le chemin emprunté par les premiers humains qui en gravirent le tronc et les branches pour accéder à la surface du monde présent.

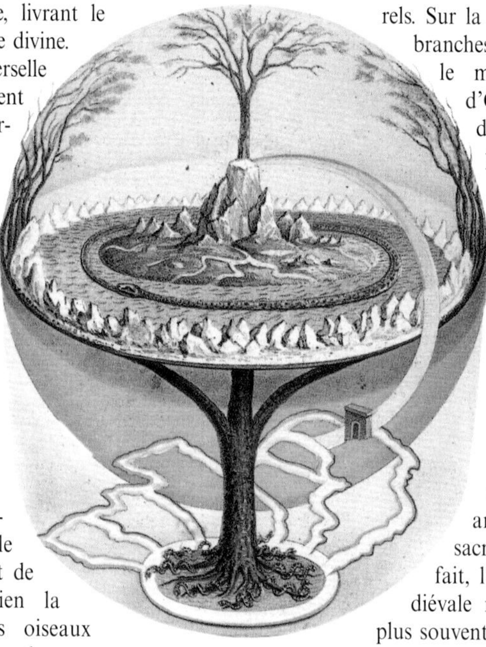

Les dieux de la mythologie scandinave se rencontrent sous l'Arbre de Vie Yggdrasil, dont la représentation, ci-dessus, date du XIXᵉ siècle.

Selon la Cabbale et d'autres traditions occultistes, l'Arbre de Vie est renversé : ses racines se nourrissent dans le ciel.

Le frêne géant Yggdrasil est l'unificateur du cosmos dans la mythologie scandinave : puisant l'eau sacrée des sources et des fontaines qui se trouvent à ses pieds, il abrite d'innombrables animaux surnaturels. Sur la plus haute de ses branches, un aigle observe le monde au profit d'Odin, père des dieux. Selon un passage essentiel du mythe, Odin se suspendit à cet arbre en signe de sacrifice afin d'acquérir la connaissance des symboles runiques utilisés dans les divinations. On trouve là une analogie avec le sacrifice du Christ : de fait, l'iconographie médiévale représente parfois plus souvent la crucifixion sur un arbre que sur une croix. L'arbre ne symbolise pas seulement l'unité cosmique : pour bien des peuples, il est source de vie. Aux yeux des Hereros africains, les premiers hommes, comme le bétail, sont issus d'un arbre appelé Omumborombonga, situé dans les terres grasses au sud de la rivière Kunene. Cet arbre existe encore aujourd'hui, et les passants lui offrent toujours des rameaux verdoyants.

LA DÉESSE DANS L'ARBRE

Les peintures ornant les tombes égyptiennes représentent souvent un arbre sacré situé près d'une source bouillonnante des eaux de la vie. Chargée d'alimenter et d'abreuver les habitants des Enfers, une femme y est parfois personnifiée.

Les Yakoutes de Sibérie, qui vénèrent le même type de déesse, rapportent la manière dont le premier homme, sur le point d'explorer le monde, aperçut un arbre géant qui reliait le ciel, la terre et les Enfers, et parlait aux dieux par l'intermédiaire de ses feuilles. Se sentant bien seul, l'adolescent demanda alors du secours à l'esprit de l'arbre ; une femme aux yeux graves sortit des racines et l'allaita : sa puissance et son énergie devinrent telles qu'aucun élément terrestre ne pouvait s'opposer à lui.

Selon les Égyptiens, l'esprit ba *émergeait du corps des défunts. Ci-dessus, un* ba, *sorti d'une tombe, a trouvé nourriture et soin auprès d'un Arbre de Vie.*

L'ARBRE DE VIE SELON DARWIN

Avec la théorie de la sélection naturelle, Charles Darwin (1809-1882) posa les bases de l'évolutionnisme moderne. Dans son ouvrage *L'origine des espèces*, le savant établit une célèbre comparaison entre les espèces vivantes et un grand arbre qu'il nomma l'Arbre de Vie. Les ramilles à bourgeons représentent les espèces existantes et les branches mortes, les fossiles.

Au cours du processus d'évolution, les ramilles les plus solides dominent et font disparaître leurs voisines plus faibles. Il en est de même des espèces et des groupes d'espèces. La plupart des jeunes pousses tombent ; certaines survivent sous forme de branches fines et éparses, à l'image des espèces menacées. Quelques ramilles deviennent grandes, mais seul un petit nombre se transforme en branches majeures, générant de nouvelles et épaisses frondaisons à la cime de l'arbre.

« Tout comme les bourgeons croissent et se transforment en nouvelles pousses qui, elles-mêmes, à la condition d'être vigoureuses, se développent et provoquent la disparition des rameaux plus faibles, je pense que l'évolution opère comme un grand Arbre de Vie qui répand ses branches cassées et mortes sur la croûte de la Terre, et couvre sa surface de ses belles ramifications toujours buissonnantes », pensait Darwin.

Figurations
et constructions

Non contente de constituer une source inépuisable de symboles, la nature se présente également comme une extraordinaire galerie d'art qui, en surface et sous terre, compte parmi les œuvres les plus impressionnantes jamais réalisées par l'homme.

Disséminés aux abords de terrains anciens, s'élèvent encore certains monuments qui continuent d'intriguer archéologues et anthropologues : peintures réalisées hors de la lumière naturelle dans d'inaccessibles recoins de grottes, allées de mégalithes menant à des pierres tabulaires massives, hautes collines artificielles et tertres, pistes rectilignes tracées avec une précision digne des autoroutes modernes mais ne conduisant apparemment nulle part, et d'innombrables autres témoignages dont la signification précise pourrait bien demeurer à jamais un mystère.

Les figures animales peintes dans les grottes de Lascaux en France et d'Altamira en Espagne, démentent le vieux poncif selon lequel l'art aurait inéluctablement progressé de ses formes primitives jusqu'au réalisme le plus élaboré, grâce à une sophistication croissante.

Échos directs mais mystérieux, ces représentations ne cessent, à l'image de bien d'autres œuvres anciennes, de parler au-delà du temps.

Les peintures rupestres des Dogons du Mali, en Afrique occidentale, chargent la nature d'un très riche symbolisme. Certaines cultures voient dans l'art rupestre une origine surnaturelle.

L'art des cavernes

L'art pariétal – et plus spécialement celui d'Europe occidentale et d'Afrique – offre l'un des bestiaires les plus évocateurs jamais conçus par l'homme, et suggère une intimité avec le monde animal difficile à concevoir aujourd'hui.

Les fresques préhistoriques européennes – notamment dans le sud de la France et le nord de l'Espagne – dont certaines remontent à 30 000 ans av. J.-C., sont caractéristiques du paléolithique et justifient amplement leur renommée.

Les hommes du paléolithique ont parfois reproduit l'anatomie d'animaux en mouvement avec un tel réalisme qu'il fallut attendre des millénaires pour retrouver cette précision.

Essentiellement composées de représentations animales et de motifs abstraits, ces œuvres datent, pour la plupart d'entre elles, de la dernière glaciation qui s'acheva il y a environ dix mille ans. Les hommes primitifs utilisaient différentes techniques, telle l'incision des parois; ils fabriquaient, en outre, des colorants de toutes les couleurs tirés de pigments minéraux, comme l'ocre qui fournissait le rouge et le jaune, l'oxyde de manganèse, le noir et le violet.

Électricité, escaliers et revêtements au sol équipent désormais nombre de ces cavernes ; mais, à l'époque, ces entrelacs de passages tortueux étaient le royaume de la nuit, et il est difficile aujourd'hui d'imaginer qu'ils n'aient pas influencé le choix des motifs créés.

Parfois spacieuses et sèches, certaines entrées de cavernes et d'abris pouvaient

Art rupestre sur le plateau du Tassili, en Algérie (environ 4 000 ou plus av. J.-C.). Postérieur à l'art rupestre franco-cantabrique, où les silhouettes humaines sont rarement représentées, celui du Sahara indique que les artistes d'Algérie semblent être passés très tôt du stade de chasseurs à celui de pasteurs.

constituer l'habitat principal. Les fresques et les gravures découverts à Altamira (Espagne) ou à l'Abri du Poisson, à La Madeleine et autres sites de France, devaient être étroitement associées à la vie domestique : les traces de foyers, d'ossements et de débris de silex en témoignent. Certaines, toutefois, tapissaient les parois de profondes galeries, comme à Rouffignac (France), qu'un petit train permet aujourd'hui de visiter. Frayant leur passage dans ces dédales souterrains, les hommes devaient s'accroupir à la lueur vacillante de leurs lampes de pierre, remplies de graisse animale et de mèches en herbes, en lichens ou en genévriers, dont certains débris ont été exhumés.

Les figurations humaines étaient peu nombreuses ; celles d'objets, inexistantes. Les animaux constituent le thème récurrent des représentations figuratives ; la présence de mammouths, de bisons, de rennes et d'autres espèces de gibiers semble confirmer l'hypothèse selon laquelle ces dessins avaient une fonction magique, qui permettait de posséder les animaux à travers leur représentation, et, ainsi « envoûtés », de les vaincre lors de la chasse. Toutefois, d'autres interprétations associent les cavernes à la fécondité : l'obscurité régnant dans ces « entrailles » permet de renforcer cette idée dans l'imagination populaire. Certaines représentations anthropomorphiques trou-vées parmi les figurations animales, sont considérés comme des génies tutélaires, comparables aux chamans des sociétés plus tardives. Rien ne démontre

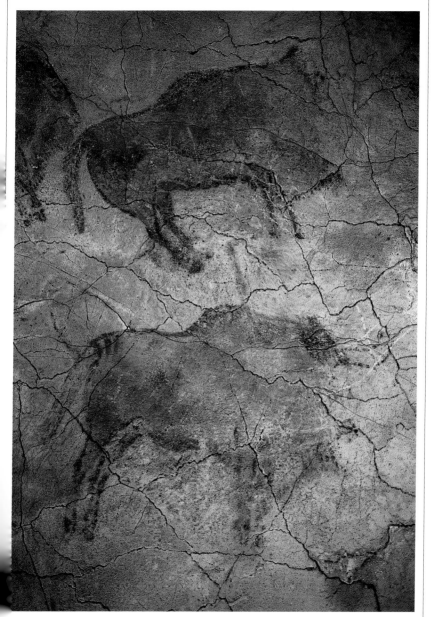

Fragments des superbes plafonds peints des grottes d'Altamira (découvertes en 1879) près de Santander, dans le nord de l'Espagne. Les représentations de bisons et autres animaux ont été réalisées avec des ocres.

Représentations animales et humaines dans une grotte préhistorique à Matopo Hills, au Zimbabwe

cependant, que les cavernes tenaient lieu de sanctuaires.

La plupart des espèces animales, comme les mammouths, représentées par les hommes du paléolithique sont éteintes ; d'autres sont les ancêtres de races encore existantes. Toutefois, dans l'une des

Figure de rennes, datant du Magdalénien (environ 13 000 av. J.-C.) dans une grotte d'Altamira (Espagne)

embrasures de la grotte des Trois-Frères (Ariège), existe une silhouette formée de pieds et de jambes d'homme, mais d'un buste, de membres supérieurs et d'une queue d'animal. Seule la tête reste indéfinissable. L'abbé Breuil (1877-1961), préhistorien français et spécialiste de l'art paléolithique,, identifia cette figure à celle d'un homme-médecine ou « sorcier », vêtu d'une peau de bête et portant une coiffure de cérémonie ornée de cornes.

D'autres chercheurs assimilèrent cette silhouette à un magicien ou à un esprit exerçant un pouvoir sur les animaux et l'associèrent à la chasse magique ; à mi-chemin entre l'homme et la bête, son identité demeure controversée.

Pour quelques érudits, les fresques pariétales représentent un paysage symbolique imaginaire, où les divers passages et galeries, comprenant chacun des thème spécifiques, sont organisés de telle manière que l'ensemble traduit les notions fondamentales de la vie et de la nature. Avec sa « Chambre des félins » et sa « Salle des taureaux », un site comme Lascaux (voir pages 98 et 99) pourrait appuyer cette idée. Il semble néanmoins que la réflexion de l'historien des mythes, Joseph Campbell, d'après laquelle « le sens religieux attribué, pendant des millénaires, à chacune de ces salles nous demeure inconnu », reste encore d'actualité.

Il est généralement admis que les artistes des cavernes étaient de sexe masculin ; il existe toutefois une hypothèse selon laquelle les premiers découvreurs de l'art pariétal auraient minimisé le nombre de symboles féminins et, de ce fait, négligé quelques-unes des œuvres réalisées par des femmes ; certains signes ont pu être interprétés comme des notes relatives aux menstruations, mais les hypothèses antérieures, qui en font des ébauches de calendriers, demeurent plausibles.

ART RUPESTRE ET PARIÉTAL AFRICAIN

L'art rupestre du néolithique africain fournit des renseignements essentiels sur la domestication des animaux et l'adaptation de la faune sauvage aux changements climatiques. Les Occidentaux ont découvert ces sites avant ceux d'Europe.

Seules les bêtes sauvages faisaient initialement l'objet de représentations. Il est ainsi possible que le buffle d'Afrique du Nord (*Bubulus antiquus*), qui apparaît sur des fresques datant d'environ 7 000 à 4 500 av. J.-C., ait été un seigneur des animaux, responsable des migrations de troupeaux d'espèces variées mais fort prisées par les humains. Le parallèle avec le bison de Lascaux est intéressant. D'autres bêtes sauvages, comme l'éléphant, le rhinocéros, l'hippopotame, la girafe, l'autruche et l'antilope, sont représentées.

Une domestication croissante apparaît dès le huitième millénaire. Les scènes pastorales contrastent nettement avec les représentations des fauves qui peuplent les fresques plus familières du paléolithique européen. Les chevaux apparaissent plus tardivement (d'abord accompagnés de chariots, puis de cavaliers), suivis enfin par les chameaux. Plusieurs sites sahariens dépeignent des tentatives de domestication d'animaux tels que la girafe.

Plus de 15 000 peintures rupestres, comprenant un groupe de fresques à figures humaines et à têtes arrondies mais aux traits indéfinissables (datant d'environ 6 000 av. J.-C.), ont été répertoriées dans la région saharienne du Tassili (voir page 94).

Fresques pariétales au pays des Dogons (Mali), représentant la création du monde par le dieu Amma et la chute de l'esprit Nommos

Illustrant la richesse de l'art rupestre d'Afrique australe, la superbe fresque ornant la grotte de Makumbe, au Zimbabwe, fut réalisée par couches superposées au cours d'une période s'échelonnant sur presque quinze siècles, et sur laquelle, dans une grande variété de styles, sont représentés deux éléphants, des figures humaines, un rhinocéros et des antilopes. Également constatée en Europe, la technique de superposition d'images, datant d'époques différentes, accrédite l'hypothèse selon laquelle les motivations des hommes étaient davantage ritualistes qu'esthétiques.

Lascaux (France)

Le site paléolithique de Lascaux est l'un des plus importants lieux d'art pariétal actuellement connus.

Dès sa découverte en 1940, la haute valeur artistique des peintures et des gravures – probablement inviolées depuis 17 000 ans – apparut clairement. Plus obscure était la raison pour laquelle plusieurs générations d'hommes, apparemment, avaient orné ces grottes de centaines de représentations animales.

Les hommes primitifs de Lascaux travaillaient souvent à proximité des voûtes (ce qui semble impossible sans échafaudages ou échelles), réalisant des œuvres difficilement visibles depuis le sol, en raison, notamment du pâle et faible éclairage des lampes à suif (dont on a retrouvé des centaines d'exemplaires dans la grotte).

Cette inaccessibilité semble indiquer que les œuvres n'étaient pas purement décoratives mais, selon une thèse communément admise, liées à la chasse. Une très grande diversité de mammifères y figure : des bisons, des aurochs (bovidés aujourd'hui éteints), des chevaux et des cerfs ; parmi tous ces animaux, quelques-uns sont représentés avec des blessures.

Pour certains spécialistes, ces œuvres constituent des « trophées », commémorant des chasses fructueuses ; pour d'autres, ces fresques exprimant une forme de « chasse magique », consistant à posséder et à vaincre le gibier par représentation et « envoûtement ». Enfin, on a suggéré qu'un chamane, « maître des animaux », pouvait avoir célébré des cérémonies rituelles sur le site.

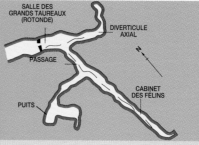

Dans le plan : SALLE DES GRANDS TAUREAUX (ROTONDE) — DIVERTICULE AXIAL — N — PASSAGE — CABINET DES FÉLINS — PUITS

Le cheval à tête noire (ci-dessus) semble postérieur à l'aurochs et l'homme qui a peint ce cheval paraît avoir voulu harmoniser les deux représentations.

L'entrée de la grotte s'ouvre sur l'impressionnante « Rotonde » ou « Salle des taureaux », dont les parois sont ornées d'immenses croquis d'aurochs et autres animaux plus petits. L'espace suivant, ou « Galerie axiale », comporte des représentations aux couleurs encore vives rehaussées par la blancheur des parois calcaires. Au-delà de la Nef, l'espace se resserre en un goulot qui débouche

sur des galeries abondamment ornées de figures animales, parmi lesquelles plusieurs silhouettes de félins gravées.

Esquisse de tête d'aurochs réalisée à l'oxyde de manganèse et incluse dans une fresque longue de 5,5 m.

Aurochs, chevaux et autres animaux ornent la paroi nord de la Rotonde qui fait face à la Galerie axiale.

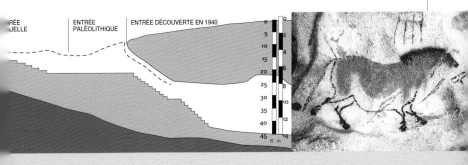

En septembre 1940, quatre jeunes garçons originaires de Montignac explorèrent une grotte qu'ils venaient de découvrir à flanc de colline. S'éclairant avec une lampe ordinaire, ils dévalèrent un remblai et parvinrent dans une grande salle ouverte qui engloutit leur lumière mais, parvenus à une salle inférieure, le faisceau de leur lampe balaya les vives couleurs rouge, jaune et noir des multiples fresques décorant la voûte.

Le puits ouvert par lequel ils avaient pénétré n'était pas l'entrée originelle de la grotte : depuis longtemps effondrée, celle-ci avait enseveli du même coup les représentations qui l'ornaient.

Croqué au trait noir, un des « chevaux chinois » de Lascaux, ainsi nommé par comparaison avec un style rappelant celui des artistes chinois postérieurs.

L'Art rupestre

Chez de nombreux groupes aborigènes, les sites rupestres sont des éléments du paysage sacré. Identifiés à des demeures abritant des êtres spirituels et des témoins d'événements importants, ils tiennent une place essentielle dans leur mythologie. Ainsi, les indigènes de l'ouest du plateau de Kimberley (Australie) expliquent, qu'en certains sites, la superposition de fresques est l'œuvre de génies qui auraient volontairement défiguré certaines grottes ornées par les héros mythiques du « Temps de Rêve » (voir pages 34 et 35). Délimitations de territoires ou marques tangibles d'événements réellement survenus (une chasse particulièrement fructueuse, par exemple), les peintures rupestres sont encore associées à des êtres puissants : ce qui permet d'expliquer les « signatures » humaines trouvées dans les grottes du Queensland.

La plupart des traditions relatives à l'art rupestre ont disparu : ne restent que des œuvres difficiles à interpréter. Toutefois, certaines techniques demeurent en usage. Ainsi, un archéologue qui fouillait un abri dans l'ouest australien au cours des années 1930, découvrit des représentations récentes d'un dugong ou vache marine, d'une tortue d'eau douce et d'un foie de pastenague. Un peu partout en Australie, les peintures sont, de temps à autre, retouchées ou remises à neuf à l'occasion de rituels destinés à accroître le nombre de kangourous, d'alligators, d'ignames ou autres aliments comestibles (voir page 103).

Les régions du centre-sud et du sud de l'Afrique abritent certaines des plus belles œuvres rupestres : elles forment l'héritage séculaire des Bushmen (San), qui furent les principaux occupants de la région avant que les migrations bantoues ne les confinent presque tous dans les déserts du Kalahari et de Namibie, aux alentours du XVIIᵉ siècle. Située à l'est de la province du Cap, la chaîne du Drakensberg est un des hauts lieux de l'art San. Pris en tenaille par les Bantous et les colons européens vers la fin du XIXᵉ siècle, les San y furent regroupés et leurs artistes ont d'ailleurs représenté des scènes de bétail rassemblé en troupeaux, appartenant à ces deux groupes de nouveaux venus. L'art du Drakensberg comprend aussi bien des gravures sur pierre de silhouettes animales que des peintures

Ces figures mythologiques et animales représentées sur un rocher près de Petersborough (Ontario) sont probablement l'œuvre d'artistes algonquins. On peut y remarquer du gibier – caribou, lapin ou cerf – et des formes anthropomorphiques. L'identification de ces figures est aussi difficile que l'explication des signes gravés. Il est toutefois possible d'assimiler une figure à oreilles de lapin représentée au lac Mazinaw, à Nanabozho, génie de la mythologie algonquine connue sous le nom de Grand Lièvre.

L'une des fresques de Tsodilo Hills, au nord du Botswana, attribuées aux San, représente deux élans et une girafe.

illustrant mythes et croyances San, comme le culte qu'ils vouent à l'élan, la plus grande des antilopes.

Certaines peintures fixent également des cérémonies qui semblent représenter la mutation d'un homme en un esprit d'élan. Dans leur forme, au moins, les rituels représentés sur les fresques ressemblent aux pratiques encore en vigueur de nos jours chez ce peuple.

Les tribus bantoues, qui avaient relégué les San principalement dans l'extrême sud de l'Afrique, aux alentours de l'année 1800, laissèrent sur place leurs propres fresques. Les spécialistes et les savants européens avaient auparavant attribué la quasi-totalité de ces œuvres d'art aux San, sous le prétexte que ces populations étaient les seules de la région à pratiquer l'art rupestre.

Concentré au Zimbabwe, l'art bantou reflète une culture où se pratiquait couramment le sacrifice des souverains et des rois infirmes, dans le but de préserver la prospérité future du royaume.

UN PEINTRE AU TRAVAIL

Le parc national de Kakadu, dans la région de la rivière Alligator en Australie septentrionale, recèle des milliers de peintures rupestres dont la datation s'échelonne sur plusieurs millénaires. Contemporaines de ce siècle, certaines sont l'œuvre d'un nommé Najombolmi, qui acheta les terres du clan Bardmardi sur Deaf Adder Creek. Il travailla dans des campements de chasse au service des Européens, mais s'adonna aussi à la peinture dans le bush. Sensibilisé au déclin des croyances traditionnelles et à l'abandon des terres pendant l'année qui précéda sa mort, il se rendit au site d'Anbangbang où se trouvaient deux fresques représentant deux hommes en compagnie de leurs femmes. Najombolmi repeignit ces figures, transforma la scène en deux groupes familiaux et y ajouta trois figures du Rêve : Namargon, l'Homme-Éclair, Bargini, sa femme, et Namondjolk, un esprit maléfique.

Peinture rupestre du parc national de Kakadu, en terre d'Arnhem. Elle représente des êtres mythiques du « Temps de Rêve » (voir pages 34 et 35).

Les rituels de l'art rupestre

Les San dansent toute la nuit pour atteindre un état de transe extatique leur permettant d'entrer en contact avec l'esprit de l'énergie créatrice appelée ntum. Les parois des abris sacrés sont ornées de fresques représentant ces danses.

L'art rupestre est, pour leurs auteurs, un moyen d'imprimer leur culture sur le vieux corps de la Terre. Le pouvoir et l'énergie spirituels de cette conjonction des mondes naturel et humain sont partout largement reconnus.

Lieux de culte, les sites rupestres font parfois quasiment office de temples. Alors que les indigènes nord-américains célébraient encore leurs antiques rituels à ciel ouvert, les missionnaires français Dollier de Casson et Bréhant de Galinée découvrirent, à la fin du XVIIe siècle, près du lac Érié, un étrange rocher à forme humaine coloré à l'ocre rouge, et sur lequel les traits d'un visage étaient légèrement perceptibles. De nombreux voyageurs faisaient halte dans cette région pour vénérer la pierre et y déposer des offrandes de peaux et de provisions, afin d'être protégés pendant la périlleuse traversée des lacs Érié et Huron. La fascination exercée par de tels sites demeure encore vivace. Ainsi, les Ojibwas du Nord canadien restent toujours convaincus que tel rocher, situé au bord d'un lac, est un fantôme d'esprit ; soit ils y déposent des offrandes de feuilles de tabac, soit ils gagnent rapidement la rive opposée du lac pour éviter toute mauvaise influence.

Ces lieux sacrés, propices aux rêves et visions, servent également de sources d'inspiration aux chamanes en quête de connaissance spirituelle.

Ici, une large plate-forme rocheuse surplombant une falaise granitique dans la région des Grands Lacs, là, une crevasse avoisinante aussi sinistre que caverneuse, e

« ROCHERS D'ABONDANCE »

Selon les aborigènes australiens, certaines roches et peintures rupestres ont le pouvoir d'accroître la quantité de gibier, de plantes et de nourritures essentielles. Les habitants des monts Kimberley frottent parfois leurs mains contre des pierres levées associées aux entités du Rêve : ils pensent que la poussière ainsi produite générera un nouvel élan vital.

Lorsque les tribus installées dans la région Oenpelli, à l'ouest de la terre d'Arhnem, veulent augmenter la quantité de serpents d'eau, elles fouettent une fresque représentant cet animal avec un rameau pour en chasser les esprits

Le rocher sacré de « Jabiru Dreaming », dans le Territoire-du-Nord

et leur intimer l'ordre de rejoindre les mares pour devenir de grands serpents. Non loin de South Alligator River, les aborigènes installent des feux sous une fresque représentant un igname, persuadés que la fumée capturera les esprits de la plante et les répandra sur la terre.

Le lac Supérieur au couchant. Les rochers qui environnent les Grands Lacs jouent un rôle important dans la religiosité des Algonquins.

d'autres sites aux alentours, constituent autant de supports à des fresques représentant des animaux ou des hommes, d'origine onirique ou visionnaire.

En Afrique australe, les San ou Bushmen du Kalahari (voir pages 100 et 101) représentent sur le roc des hommes-médecine dans l'exercice de leurs fonctions, dansant parfois jusqu'à l'extase afin d'acquérir un pouvoir surnaturel. Ce peuple considère que de nombreuses fresques aux motifs abstraits et parfois complexes sont l'œuvre de chamanes ; des recherches récentes ont démontré la similitude qui existe entre des attitudes physiques dépeintes et celles des états de transe observées en neurologie.

L'art décoratif de certains peuples, tels les Tukanos d'Amérique du Sud, est fondé sur l'utilisation de modèles décoratifs analogues, mais chaque groupe possède un motif spécifique.

Les figurations au sol

Avant de se livrer à un rituel de sudation (voir pages 40 et 41), les Sioux Oglala des Grandes Plaines nord-américaines creusent un petit puits au centre de la hutte, afin d'y placer des pierres chaudes. Avec la terre extraite, ils tracent un chemin sacré, à une extrémité duquel se dresse un petit tertre appelé *unci* ou « grand-mère » qui symbolise la terre. Une fois le rituel achevé, le terrain sanctifié est abandonné aux éléments naturels. De même, les peintures de sable, complexes et soigneusement élaborées qu'utilisent les Navajos (voir page 11) dans les rites de guérison, sont purement et simplement balayées après usage.

En Australie, les sculptures au sol font

Le Grand Homme de Wilmington en Angleterre méridionale, est une figure en briques blanches, réalisée en 1874.

partie des rites mortuaires ou de guérison. Chez les Yolngus du nord-est de la terre d'Arhnem, les membres du clan Liyaga-wumirri tracent une carte mentionnant les sources et les fontaines prétendument créées par les sœurs Djanggawul, héroïnes ancestrales du Temps de Rêve (voir pages 34 et 35). La sculpture sert de tombe et de lieu de débarras pour les aliments spirituellement pollués, appartenant aux proches du défunt.

Les œuvres sont parfois sculptées dans la terre meuble ou la végétation, afin de mettre en valeur une différence de coloration. Comme d'autres œuvres similaires en Angleterre, le Cheval Blanc d'Uffington fut sculpté dans un gazon couvrant des terres crayeuses pour faire ressortir la blancheur du kaolin (voir page 109). Bien qu'il n'en existe plus de traces, les mêmes techniques furent utilisées en Amérique du Nord.

Étranges rappels de certaines figurations au sol pratiquées ailleurs, les labyrinthes de gazon n'en sont pas moins typiquement anglais. Bien entretenu, le Mur de Troie, près de Brandsby dans le Yorkshire, est probablement le plus ancien des huit modèles encore existants. Les labyrinthes de gazon sont à sens unique (il n'existe qu'un seul chemin menant au centre). Plus complexe est celui d'Alkborough dans le Lincolnshire, placé au sommet d'une colline dominant la vallée de la Humber. Probablement dessiné au XIIIe siècle par les moines de l'abbaye de Spalding, il est connu sous le nom de Tonnelle de Julian, en référence à la tradition selon laquelle Jules, le fils d'Énée, est censé avoir introduit le labyrinthe en Occident. Composé de douze cercles concentriques, il évoque celui qui orne, depuis le XIIe siècle, le dallage de la cathédrale de Chartres.

La recherche des fonctions des labyrinthes de gazon s'appuie principalement sur l'utilisation qui en était faite au cours de divers rituels de danse et de déambulation, associés à des cultes printaniers de la fertilité. Les brusques changements de direction, nécessités par les sinuosités du chemin, sont peut-être associés aux tourbillons de la conscience, apparentés aux effets des hallucinogènes ou, dans une acception plus mondaine, aux joies de la danse.

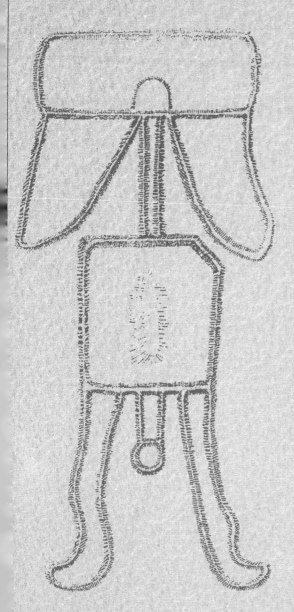

LES SCULPTURES DE SABLE RITUELLES.

Les sculptures au sol caractérisent les rituels aborigènes de la terre d'Arhnem, en Australie septentrionale. Au cours du *larrakan*, dernier rituel funèbre chez les Gidjingali, les os séchés des défunts, décédés des années auparavant, sont placés dans une grosse bûche creusée et décorée en guise de cercueil. Puis ils sont mis en terre dans la région stomacale d'une représentation figurant une entité totémique sacrée ou *wongarr*, appelée Ngarapia, et mesurant près de dix mètres de long. Cette entité passe pour avoir été un homme violent, dangereux, finalement capturé par un groupe de guerriers et tué d'un coup de lance à pointe de pierre. Après sa mort, on prétend qu'il se mua en un grand rocher noir, encore visible dans les hauts-fonds environnants l'île de Burdja, au large du cap Stewart ; la fente qui, dans le rocher, laisse jaillir l'eau représente la blessure mortelle.

La sculpture de sable de Ngarapia est réalisée lors d'une cérémonie qui se tient au matin du jour de l'enterrement du défunt. Les os sont brisés afin de pouvoir introduire le cadavre dans le cercueil.

La colline de Silbury (sud de l'Angleterre)

La colline de Silbury est un grand tumulus néolithique édifié par l'homme qui domine de quarante mètres la vallée de la Kennet dans les terres crayeuses du Wiltshire, au sud de l'Angleterre. Depuis toujours, elle inspire curiosité et respect : une importante voie romaine la contournait et l'historien John Aubrey écrivait en 1663, en accompagnant le roi Charles II près d'Avebury que « Sa Majesté leva son regard sur la colline environ un mille avant d'arri-ver à Silbury, et, sa curiosité piquée, il décida d'escalader le monument. »

Selon une légende locale, il s'agit de la tombe d'un roi mythique nommé Sil, enterré avec son cheval. En 1723, une fouille de la partie sommitale permit de découvrir des ossements, des bois de cerfs, un poignard en fer et une bride de cheval.

L'hypothèse d'un éventuel trésor, profondément enfoui, stimula la poursuite des fouilles ; en 1776, le duc de Northumberland fit effectuer un sondage vertical jusqu'à la surface originelle et, en 1849, John Merewether perça un tunnel dans le flanc du tumulus. Ils ne trouvèrent ni tombe ni trésor.

La plus récente tentative entreprise pour résoudre le mystère du tumulus date de 1967-1968 ; une équipe ouvrit et fouilla à nouveau le tunnel de Merewether. Les recherches permirent de dater la construc-tion à 2 600 environ av. J.-C., mais ne permirent de découvrir aucun trésor. Certains estiment que le monument fut élevé en l'honneur d'un chef de guerre ; d'autres y voit les entrailles d'une déesse-mère sur le point d'accoucher, ou encore un *omphalos* marquant le centre du monde.

SIX ÉTAGES DE CRAIE
SOUTENANT LES MURS   REVÊTEMENT

TUMULUS INTÉRIEUR

Le dôme de la colline de Silbury (ci-dessus) masque les couches étagées formant l'armature du tumulus (en haut, à droite). Celui-ci fut bâti en trois étapes : un tumulus bas qui fut, par la suite, élargi en degrés à l'aide de blocs de kaolin étayés par des murets de soutènement. Enfin, les deux premiers tumuli furent recouverts par un troisième, plus large encore, lui aussi gradué et composé de blocs de kaolin, disposés en une structure alvéolaire colmatée avec des déblais crayeux ; l'armature finale fut revêtue de terre et de gazon.

Jadis, le tumulus était décrit « comme une sorte d'escargot à coquille plate, mince et comportant trois ou quatre spirales ». Semblables monuments apparurent à la même époque (environ 2 600 av. J.-C.) dans l'ancienne Égypte, lorsque le roi Djoser (III° dynastie) ordonna l'édification à Saqqarah d'une tombe qui prit la forme d'une pyramide à degrés.

Les nombreux tumuli (y compris celui de Silbury) et monuments de l'ancien royaume de Wessex en Angleterre méridionale, sont intégrés dans les terres agricoles depuis des millénaires.

Comme l'indiquent la carte (ci-dessus) et la photographie aérienne (ci-dessus, à droite), la colline de Silbury est située non loin du grand cercle d'Avebury (voir pages 120 et 121). Nombreux sont ceux qui associent les deux constructions : certains ont ainsi suggéré que le tumulus servait de tour de guet ou de signal de rassemblement pour les rassemblements rituels d'Avebury.

Pour bien des raisons – religieuses, superstitieuses ou agricoles – un nombre important de pierres levées ont été détruites à Avebury ; mais Silbury résista à tous les outrages des archéologues et des chasseurs de trésors. Le spectacle de ce tumulus conique, étrange, dressé au-dessus du paysage environnant, continue de susciter inspiration et interrogation.

Gravure de l'historien anglais William Stukeley (1687-1765) qui, au cours des années 1720, entreprit les premières investigations archéologiques sérieuses à Silbury, Avebury et autres monuments. Son hypothèse, qui établissait une relation entre ces monuments et les cultes druidiques des anciens peuples brittomniques, fut admise pendant plus d'un siècle.

Figures pour dieux

Les figures élaborées à la surface du sol sont parfois si grandes qu'elles ne peuvent être entièrement visibles à partir de la surface de la terre. Les plus beaux exemples se trouvent dans la pampa désertique de Nazca, aux pieds des Andes péruviennes. La surface brune et oxydée du désert semble avoir été raclée afin de parvenir au sous-sol plus meuble (par un procédé ressemblant fortement à celui mis en œuvre dans les calcaires de l'Angleterre méridionale), et de tracer des lignes étroites et des pistes. Les « artistes » y créèrent également des formes géométriques géantes – triangles, spirales, etc. – de même

Les lignes de Nazca commençaient et finissaient souvent dans des zones désertiques, légitimant la théorie selon laquelle elles servaient de parcours rituels.

que des figures stylisées de singes, de frégates, d'araignées et autres créatures. Repérables seulement en altitude, ces immenses dessins au sol sont probablement l'œuvre de la civilisation Nazca, dont

l'apogée se situe entre l'an 1 et l'an 650 ap. J.-C. environ. La dimension des configurations a soulevé bien des interrogations et entraîné de nombreuses hypothèses, allant de repères astronomiques ou de systèmes destinés à mesurer le temps (malheureusement, peu d'alignements astronomiques ont été retrouvés), jusqu'aux pistes d'atterrissages pour engins interstellaires. La vérité se trouve peut-être à mi-chemin et participe à la fois des deux hypothèses : les auteurs de ces œuvres impressionnantes ont peut-être voulu réserver le spectacle aux seuls dieux ouraniens.

On peut penser que, dans un lointain passé, les lignes de Nazca étaient rituellement effacées. Cette idée se fonde sur les éclaircissements apportés par les observations de l'anthropologue Gary Urton. Il rapporte avoir été témoin d'une cérémonie au cours de laquelle, dans un village des Andes, la place de l'église fut balayée selon un schéma formé de bandes striées, dont chacune était dévolue à un clan de la communauté ; après le balayage, une statue du saint fut sortie de l'église qui lui était consacrée et présentée devant une foule immense.

Bâtisseurs d'un empire qui, au XVᵉ siècle, s'étendait de l'Équateur jusqu'au Chili et que l'on appelait la Terre des Quatre provinces, les Incas construisirent de longues routes droites, dont certains tronçons empruntaient le tracé des lignes, plus anciennes de Nazca. Capitale de cet empire,

Les contours de cette image de Nazca évoquent un renard qui, dans la mythologie andine, secondait les dieux.

COLLINES SCULPTÉES EN ANGLETERRE

Les basses terres de l'Angleterre méridionale recèlent plusieurs sites où d'antiques sculpteurs créèrent d'étonnantes figurations au sol, en dégageant la mince couche d'herbe couvrant la craie blanche qui se détachait ainsi sur le fond vert. Un des plus beaux spécimens de ces dessins orne la colline de Whitehorse, à Uffington dans le Oxfordshire : le gazon y a été sculpté en forme de cheval. D'origine inconnue, l'œuvre mesure 114 m de long et fut jadis attribuée au roi Alfred le Grand de Wessex (849-899 ap. J.-C.), qui naquit près de Wantage ; la silhouette évoque un cheval figurant sur les pièces de monnaie britannique de l'époque immédiatement postérieure à l'invasion romaine. Peut-être plus ancienne, cette figuration est située dans une zone comprenant des structures préhistoriques : une ancienne piste, connue sous le nom de

Un mythe folklorique local dit que le Cheval Blanc d'Uffington commémore la victoire remportée par saint Georges sur le dragon, près de la colline du même nom. Son origine préhistorique est néanmoins à peu près certaine.

Ridgeway, la jouxte et le cheval avoisine la grande pierre levée de Wayland Smithy. En dépit d'une possible modification des contours, une forme d'équidé a survécu aux désherbages.

L'origine d'une autre effigie, sculptée dans la craie et longue de 80 m, située près de Cerne Abbas dans le Dorset, représentant un géant en érection et maniant une massue, est également inconnue. La tradition la rattache à un culte de la fertilité. Jadis, le jour du 1er mai, on dansait sur la colline, au-dessus de sa tête (voir aussi page 106).

Cuzco (« Nombril »), dont le plan d'ensemble s'apparente à un grand jaguar, animal mythique très important de la région andine, était au centre de ce vaste réseau routier.

Les déserts du sud-ouest américain servirent également d'immense canevas aux premiers artistes. Plusieurs figurations humaines géantes et une représentation animale furent découverts sur la terrasse sablonneuse qui borde la rive occidentale de la rivière Colorado, non loin de Blyth en Californie. L'origine de ces œuvres est inconnue, mais l'une des figures trouvées en Arizona fait penser au monstre Hâ-âk, l'une

des entités qui prend place dans le mythe de création du peuple Pima.

Plusieurs tumuli funéraires trouvés dans le Wisconsin, le Michigan et l'Iowa ont la forme de grandes silhouettes humaines, d'oiseaux, de reptiles et autres animaux. Un ensemble de neuf cents tumuli, recensé au cours du XIXe siècle à Harper Ferry dans l'Iowa, comprenait des effigies de plus de cent animaux, environ soixante-dix oiseaux et diverses formes non identifiables dues à l'érosion.

La plupart des effigies les plus belles disparurent lorsque l'agriculture s'empara des terres qui portaient ces tumuli.

Le tertre au Serpent (Ohio)

Le tertre au Serpent est un des monu-ments indigènes nord-américains les plus étonnants et mystérieux. Vieille de plus de deux millénaires, cette œuvre est faite à base de limon jaune, et réalisée sur des fondations en pierres et en argile, est attribuée à un peuple des cultures Adena ou Hopewell.

Mesurant près de 500 m de long, construit en forme de serpent tenant un œuf dans sa gueule, le tertre s'élève sur un étroit promontoire situé au confluent de la Brush Creek et d'un petit cours d'eau qui se jette dans le County Adams. Avec, d'un cœté, ses pentes très raides recouverts de forêts, et, de l'autre, sa falaise abrupte, ce promontoire forme un site impressionnant qui domine tout le paysage.

L'amateur d'antiquités Stephen D. Peet fut parmi les premiers spécialistes à associer le tertre en question à une effigie de déité. En 1890, il écrivait que « la forme de la falaise pourrait facilement être assimilée à un grand serpent, ce qui, ajouté à la difficulté d'accès, engendre un sentiment particulier de crainte, comme si un grand Manitou (esprit divin) y habitait ». Le Serpent Cornu ou Monstre des Eaux est, dans la mythologie des indigènes nord-américains, la divinité gardienne des sources de vie jaillissant du sol, et notamment de l'eau. Or, le promontoire surplombe une vaste retenue d'eau, et « l'œuf » contenait à l'origine un petit cercle de pierres brûlées. Visible à des kilomètres de distance, un feu allumé à cet endroit aurait très bien pu signifier que l'esprit du serpent des eaux était actif et toujours en éveil.

Le tertre au Serpent fit l'objet de recherches menées en 1848 par E. G. Squier et E. H. Davis, dans le cadre d'un recensement général des sites anciens de la vallée du Mississipi, sous l'égide de l'Institut Smithson. Selon eux, le serpent est un symbole universel, présent aussi bien chez les Égyptiens, les Assyriens, les Celtes, les Indiens et d'autres peuples encore. Les deux hommes s'interrogèrent sur de possibles influences de l'Ancien Monde dans l'édification du tertre.

Sous toutes ses formes, le serpent est considéré comme une entité surnaturelle puissante dans de nombreuses mythologies indigènes d'Amérique. Gravée ou peinte sur le roc des régions désertiques du sud-ouest, tissée sur des couvertures, dessinée sur des poteries ou figurée dans des peintures sur sable, comme dans cette œuvre des Indiens Navajos, son image est omniprésente.

Le terrassement, qui semble représenter un serpent en train de se dérouler, mesure plus de 380 m de long.

Endommagé par les chasseurs de trésors, les visiteurs et les effets de l'érosion, le tertre semblait, en 1886, destiné à devenir un champ de céréales. Mais P. W. Putnam, du Museum Peabody de l'Université d'Harvard, le restaura et, dès 1900, les visiteurs pouvaient contempler l'effigie à partir d'un mirador (ci-dessus).

Squier et Davis publièrent leur rapport au sujet du tertre au Serpent dans leur ouvrage de référence Monuments anciens de la Vallée du Mississipi (1848), *concernant les sites préhistoriques indigènes de l'Amérique et duquel*

est tirée cette gravure. Le tertre fait partie des centaines de terrasses et de monuments funéraires à forme d'oiseaux et d'animaux, édifiés dans la région par les peuples appartenant aux anciennes cultures Adena et Hopewell.

Effigies en cailloux et roues de médecine

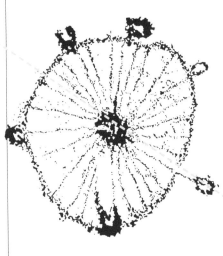

Les auteurs de la « roue de médecine » du Grand Téton (ci-dessus) étaient probablement des Indiens Crows, Cheyennes, Shoshones ou Apaches qui, tous, chassaient dans la région.

Les hauts plateaux et les plaines reculées du nord de l'Amérique abondent en rochers et cailloux roulés par les glaciers, que les artistes préhistoriques ornèrent de motifs géométriques ou d'effigies tantôt humaines, tantôt animales. La datation précise et l'origine de ces œuvres sont difficiles à déterminer, même lorsqu'elles n'ont pas été déplacées par les fermiers ; toutefois, les traditions orales font état d'événements mythiques ou légendaires qui présidèrent à leur construction. C'est ainsi que sur une butte située près du lac de la Femme Punie, dans le sud du Dakota, les premiers colons européens découvrirent des reproductions en grandeur nature d'un homme et d'une femme ainsi qu'une figure non identifiable, de nombreux tertres et quelques puits peu profonds. Interrogés, les Sioux de cette région expliquèrent que ces effigies étaient celles d'une femme qui avait échappé à l'homme auquel elle avait été mariée de force, et celle d'un homme qui était son premier amour. Le monument marquait le lieu du meurtre des amoureux par le mari jaloux.

Les Sioux avaient ainsi utilisé une légende séculaire pour rendre compte de l'origine de ces effigies (qui furent détruites en 1941). Toutefois, les très nombreuses silhouettes découvertes ailleurs – serpents, tortues (ci-contre, en bas), qui constituaient autant de créatures hautement symboliques de la dans la tradition spirituelle des indigènes d'Amérique – laissent penser que les pierres elles-mêmes ont pu avoir une origine et une fonction sacrées.

Dans la région des plaines et des plateaux septentrionaux, les pierres sont parfois agencées en cercles géants dont le centre est occupé par des cairns massifs, reliés à la périphérie par des rangées de monolithes, à la manière des rayons d'une roue. On ignore tout de ces monuments, connus sous le nom de « roues de médecine », mais certains paraissent associés à des rituels liés aux phénomènes astronomiques. La « roue » située près du sommet du mont Médecine, l'un des plus élevés de la chaîne du Grand Téton dans le Wyoming, comporte vingt-huit « rayons » et mesure près de trente mètres de diamètre. Six petits tertres entourent le cercle. La forme de cette roue est très semblable au plan d'une hutte cheyenne – édifice rond comportant un poteau central et vingt-huit chevrons. Ce type de hutte était destiné à des cultes solaires ; et il n'est pas impossible que la roue de médecine ait eu une fonction analogue. L'alignement du centre de l'enceinte, d'un tumulus saillant et du soleil à l'aube du solstice d'été, tend à en accréditer l'hypothèse.

Au cours des dernières années, une forme moderne de « roue de médecine » est apparue, fondée sur un syncrétisme de croyances indigènes nord-américaines et de mystique orientale. Pour des associations de médecine telles que la Sun Bear, cette structure en roue fait figure de mandala, support de méditation utilisé chez les bouddhistes. Les participants à ces rituels du XXᵉ siècle rassemblent trente-six pierres, dont chacune représente un fragment de l'univers, et créent un cercle immense qui symbolise le cosmos. Sun Bear (Ours solaire), le dirigeant de l'association, dispose le crâne d'un animal sacré au centre de la roue, pour représenter le symbole de l'esprit créateur à partir duquel rayonne toute vie.

L'artiste bulgare Christo (né en 1935) fut l'auteur d'une version moderne du « land art » couvrant, ces rochers de peintures bleue, mauve et rose, changeant plutôt leur couleur que leur disposition pour laisser des points de repère très visibles dans le désert marocain. Divers matériaux de synthèse entrent dans la composition des éphémères « sculptures environnementales » de l'artiste.

LES CHEMINS DU MALHEUR

Éloignées l'une de l'autre de plusieurs centaines de kilomètres, deux figures en cailloux sont chacune associées à des légendes identiques concernant la mort d'un guerrier. Près de Cluny, dans l'Alberta, une figure humaine est allongée le long d'un alignement de pierres reliant deux cairns. Elle censée marquer marquer le lieu d'une bataille qui opposa les tribus Pieds-Noirs du Nord et Blood, en 1872. Au cours des années 1960, un ancêtre de la tribu Pieds-Noirs reconnut en cette figure celle d'un jeune

Effigie de tortue en pierre, provenant du Manitoba

homme-médecine Blood, tué par un Pied-Noir nommé Walking with a Scalp. Les cairns indiquent les lieux du début et de la fin du combat ; les lignes de pierres marquent le chemin parcouru par les guerriers. L'effigie est située à l'endroit précis où tomba le jeune homme-médecine.

Au sommet de Snake Butte, dans le sud du Dakota, se dressent de semblables cairns, effigies et alignements. À cet endroit, se seraient affrontés un guerrier Sioux et un Arikara. Les cairns marqueraient l'emplacement du combat et de la mort du guerrier. Les cailloux représentent les gouttes de son sang. Non loin de cet ensemble, long de 800 m, se trouve l'image d'une tortue qu'on dit être l'animal du vainqueur.

Le mont des Élans (Saskatchewan)

Comme la plupart des « roues de médecine » dessinées au sol par les peuples préhistoriques des plaines septentrionales des États-Unis et du Canada (voir pages 112 et 113), le grand cercle du mont des Élans (Saskatchewan), dont les « rayons » prennent naissance dans un cairn central, adopte la forme d'un soleil. Sa destination première demeure un mystère. Certaines structures similaires sont très anciennes : ainsi, les fouilles conduites au cairn de Majorville, en Alberta méridionale, ont-elles révélé une occupation humaine remontant à 4 500 ans au moins. Selon certaines estimations, la « roue de médecine » du mont des Élans daterait d'environ deux mille ans.

Le parallélisme entre la structure du mont des Élans et celle du Grand Téton, dans le Wyoming (voir page suivante en bas et page 112), auquel on prête une fonction de calendrier astronomique, est remarquable. Comme celle du Grand Téton, la roue du mont des Élans possède un « rayon » un peu plus long que les autres, apparemment aligné sur le point de l'horizon où se lève le soleil au solstice d'été.

Si cet alignement a été délibérément conçu à l'époque de son édification, on peut sans crainte affirmer que les autres « rayons » devaient se trouver eux aussi en relation avec d'autres corps célestes. Mais il n'est pas facile de déterminer ce fait avec précision compte tenu des variations des trajectoires d'étoiles plus lointaines par rapport à la terre sur une période de plusieurs siècles. On peut toutefois penser que les alignements étaient à l'origine liés à des étoiles ou à des planètes particulièrement brillantes.

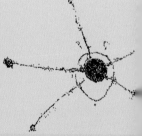

CANADA

49°30'N

ÉTATS-UNIS

102°O

Le cairn placé au centre de la roue du mont des Élans (ci-dessus et ci-dessus à droite) donne naissance à cinq « rayons » longs de quinze à trente mètres, qui se terminent par des constructions plus petites, larges d'environ un à deux mètres. Quoique les traditions orales subsistant dans les tribus des Prairies ne soient guère convaincantes en matière astronomique, l'évidence des tracés marquant le mont des Élans, le Grand Téton et d'autres roues de médecine, incline fortement à penser que la course des étoiles et des planètes tenait un rôle significatif dans les religions primitives d'Amérique du Nord.

Le grand cairn formant le centre de la roue du mont des Élans mesure environ 6 m de large et contient au moins soixante tonnes de roches. Il est entouré par un cercle de pierres.

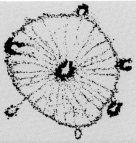

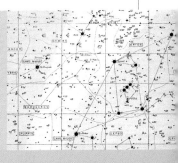

L'alignement cosmique, qui, à l'aube du solstice d'été, passe sur le cairn central et le « rayon » le plus long de la roue, constitue l'élément le plus convaincant du mont des Élans.

Quelques petits cairns entourent le périmètre de la roue du Grand Téton (ci-dessus), comme celle du mont des Élans. L'astronome John A. Eddy a calculé que la position de ceux-ci par rapport au cairn central était presque identique sur les deux sites.

Certains alignements stellaires qui ont pu se produire au cours des deux derniers millénaires appuient l'hypothèse selon laquelle la roue du mont des Élans représenterait un calendrier cosmique. C'est ainsi qu'un des « rayons » aurait été aligné sur le lever de Sirius, l'étoile la plus brillante de la constellation du Grand Chien (ci-dessus), si la figuration remonte à une époque comprise entre l'an 1 et l'an 1000 ap. J.-C.

Les pierres levées

Quatre cents personnes furent nécessaires au relèvement de ce menhir de Plabennec (Bretagne), pesant 187 tonnes.

Plantées dans le paysage, déplacées loin de leur lieu d'origine, dressées pour des raisons ignorées, les pierres levées possèdent des vertus quasi anthropomorphiques. Comme toujours, lorsque le temps jette un voile d'oubli sur la fonction d'un monument, les récits populaires s'en sont inévitablement emparées.

La légende de Cornouailles qui raconte comment une jeune femme fut changée en cercle de pierres – le Merry Maidens – pour avoir dansé le jour du Sabbat, est typique à cet égard.

Un mégalithe est une pierre massive et brute, d'époque préhistorique, fortement présente dans l'Europe du nord-ouest entre 3 500 et 1 500 av. J.-C. Simple pierre levée, très répandu dans l'Ouest européen, et notamment en Bretagne, un menhir (du breton *men* : « pierre » et *hir* : « longue ») est un type de mégalithe, isolé ou inclus dans un vaste ensemble qui forme un cercle, un demi-cercle ou un alignement.

Les menhirs, avec leur taille impressionnante, s'imposaient dans le paysage. Ainsi, en Bretagne, le Grand menhir brisé, dont les morceaux jonchent aujourd'hui la base du mégalithe, atteignait autrefois une hauteur de vingt-deux mètres.

En un temps où l'outillage était encore rudimentaire, l'extraction des monolithes représentait une opération difficile. Peut-être enfonçait-on des coins dans les fissures naturelles de la roche avant de les imbiber d'eau, dans le but de faire jouer le bois et d'élargir ainsi la fente ; peut-être aussi créait-on des sources de chaleur le long des fissures avant de les asperger d'eau froide. Le transport se révélait toujours laborieux.

Avec plus de trois mille pierres levées

MÉMORIAUX VIVANTS

L'ancienne tradition, consistant à ériger des mégalithes en guise de monuments funéraires ou de mémoriaux, s'est maintenue tardivement dans l'hémisphère Sud.

Au XVIIIe siècle, le roi malgache Ambohimanga ordonna d'élever un mégalithe – deux mois furent nécessaires à son transport depuis son lieu d'extraction – à l'occasion de son mariage.

En 1907, un administrateur colonial hollandais photographia un mégalithe, qui était considéré comme la demeure de l'esprit d'un chef de tribu, alors qu'on le dressait sur l'île de Nias, près de Sumatra en Asie du Sud-Est. Pas plus tard qu'en 1960, plusieurs pierres célébrant la décolonisation furent érigées à Madagascar.

Dans certaines régions de ce pays, les pierres levées récentes sont encore considérées comme des phallus : les femmes désirant des enfants tentent de jeter des petits cailloux sur leur sommet, persuadées d'être exaucées lorsqu'elles atteignaient leur but.

LES PIERRES CONSACRÉES

En France, comme en Grande-Bretagne, des mégalithes ont été abattus sous l'influence de l'Église. En 1560, on détruisit un cercle de pierres situé sur l'île écossaise d'Iona, et dont on disait qu'une victime sacrificielle gisait sous chacun de ses douze monolithes. D'autres monuments,

Pierre levée ou menhir converti en sanctuaire chrétien

intégrés sur des terrains de l'Église, furent préservés, tel le cercle du cimetière de Midmarkirk dans l'Aberdeenshire.

Les vieilles légendes ont la vie dure : la croyance attribuant aux pierres levées des pouvoirs de fertilisation et de guérison a conduitde nombreux visiteurs vers le cimetière de La Pierre de Saint-Martin de Pitres (France), où il est d'usage de nouer un morceau d'étoffe sur une croix chrétienne, dressée devant un mégalithe solitaire.

extraites dans le granit local, les alignements mégalithiques bretons de Carnac méritent amplement leur célébrité. Les Romains réutilisèrent le site à des fins religieuses et gravèrent quelques-unes des figures de leur panthéon sur certaines pierres levées. Quoiqu'en plus faible densité, l'Angleterre méridionale (il existe environ soixante mégalithes à Dartmoor) et même l'Asie du Sud-Est, présentent des alignements analogues.

À Carnac, certaines rangées sont obturées par des pierres disposées en cercle ou en rectangle ; d'autres se terminent par une seule pierre formant un angle droit par rapport à l'axe principal. On pense que ces figures d'embout pouvaient servir à fermer le passage aux esprits des défunts. Dans le même ordre d'idée, les accès aux temples d'Indonésie sont flanqués de murets qui font obstacle aux esprits, puisque ceux-ci n'ont la possibilité que de se déplacer en ligne droite.

La destination originale des pierres levées demeure obscure, engendrant toute une diversité de spéculations contradictoires, dont la plupart se partagent entre l'astronomie, la fertilité, la Déesse-mère et

Reconstitution imaginaire, datant du XIXᵉ siècle, des alignements de Carnac (France)

les rituels sacrés, sans guère de cohérence. Au cours des siècles, l'érosion a certes fait son œuvre : il n'en demeure pas moins probable qu'à l'époque de son érection, chaque pierre possédait sa spécificité ; ici et là, on ne peut s'empêcher de voir une figure animale ou humaine dans tel agencement ou tel découpage, d'où la supposition que certaines pierres ont pu représenter des divinités.

Les grands cercles

L'Anneau de Brodgar (Orcades) a une enceinte et un alignement circulaire intérieur autrefois formé de 60 pierres levées.

Les grands cercles de pierre brute, qui parsèment le nord-ouest européen depuis l'époque néolithique, sont tellement intégrés au paysage qu'ils semblent être nés de la terre. Dressés sur des landes et les pâturages balayés par les vents, ils évoquent inéluctablement de vastes temples à ciel ouvert ou des périmètres sacrés. Quoique leur destination initiale n'ait jamais trouvé d'explication satisfaisante, les spéculations en ont fait des lieux de sacrifices païens, de cérémonies druidiques, ou de cultes voués à la déesse-mère.

Situé sur l'île Lewis, dans les Hébrides, au large de l'Écosse, l'ensemble mégalithique de Callanish forme, en association avec son environnement un vaste calendrier lunaire. Au bout d'un cycle de dix-neuf ans, la lune semble y effleurer l'horizon lorsqu'elle atteint son point le plus méridional. Le grand cercle de Stonehenge, dans le sud de l'Angleterre (voir pages 122 et 123), est lui aussi lié à des phénomènes cosmiques : à l'aube du solstice

Remarquable par ses alignements basés sur des cycles lunaires, Callanish se trouve sur l'île Lewis (Écosse).

d'été, un observateur placé au milieu du cercle peut voir le soleil se lever au-dessus de la pierre en talon, située à l'extérieur du périmètre. Le sens du lien établi entre le monument et le mouvement des astres demeure inconnu. Après une étude portant sur des centaines de sites mégalithiques en Grande-Bretagne, un ingénieur anglais a cependant pu affirmer que les principaux cercles de pierre étaient liés aux phases de la lune et qu'ils ont pu, en certains cas, servir au calcul prévisionnel des marées. En raison de l'immense effort exigé d'une population peu nombreuse et dispersée pour extraire, transporter et ériger ces mégalithes, il n'est pas douteux que ces enceintes avaient une grande importance aux yeux de ceux qui les ont élevées. Une motivation semblable à celle du zèle missionnaire devait les animer. Ces monuments continuèrent d'être des centres d'activité, mais restèrent souvent des sujets de controverse longtemps après que leur destination originelle futt tombée dans l'oubli. Les

Romains utilisèrent Maumburg Rings (Dorset) comme un amphithéâtre. En 1640, lors de la guerre civile anglaise, le site abrita les Têtes Rondes. Un village s'éleva dans le centre d'Avebury (voir pages 120 et 121), et se trouve désormais aux prises avec les exigences parfois conflictuelles d'une économie rurale qui doit conjuguer les nécessités du tourisme et la protection du patrimoine. Stonehenge est au cœur de contestations aussi féroces, car la protection du site a conduit à en interdire l'accès aux druides et autres néo-païens voulant y célébrer le solstice d'été.

L'« amphithéâtre » néolithique de Maumburg Rings, près de Dorchester, dans le Dorset (sud de l'Angleterre)

LES PIERRES DE ROLLRIGHT

Les restes d'un grand cercle, connu sous le nom de Rollright Stones, s'étalent sur une élévation calcaire dans le Oxfordshire.

L'érosion a brisé de nombreuses dalles, dont certaines ont été réemployées ailleurs. Le tracé du cercle demeure cependant intact et mesure près de 30 m de diamètre ; quelques monolithes atteignent 2 m de haut.

Les histoires abondent au sujet de ce mystérieux périmètre. Selon l'ouvrage de William Camden, *Britannia*, publié au XVII\ :sup:`e` siècle, ces pierres représentaient jadis un groupe de chevaliers et leur roi, aux yeux des autochtones ; une sorcière transforma le plus grand des monolithes (245 m) en Roi de Pierre, tandis que les hommes formaient le cercle lui-même. À l'époque des Tudors, le lieu était considéré comme un célèbre rendez-vous de sorcières.

Avebury (Sud de l'Angleterre)

Grande enceinte massive datant de l'époque néolithique et se dressant sur un terrain légèrement élevé dans les Marlborough Downs du Wiltshire, au sud de l'Angleterre, le site d'Avebury englobe une partie du village du même nom. Édifiée entre 2600 et 2300 av. J.-C., elle se compose de deux parties : le fossé ainsi que le talus qui l'encercle d'une part, et un certain nombre d'alignements circulaires auxquels viennent s'ajouter quelques pierres levées, d'autre part. Creuser le fossé fut une entreprise difficile : la quantité de graviers extraite avec des pieux de bois est estimée à deux cent mille tonnes. Pesant parfois presque quarante tonnes, les monolithes furent traînés sur une distance de près de trois kilomètres depuis Avebury Down, lieu de leur extraction.

Si le terrassement est demeuré à peu près intact, les pierres levées ont souffert des outrages séculaires causés par les habitants voisins.

Dès le XIVᵉ siècle, peut-être sous l'influence de l'Église médiévale qui, à cette époque, considérait le monument comme un temple païen, elles furent empilées et enterrées. Un squelette humain, et trois pièces de monnaie de cette époque, furent découverts sous le rebord d'une des pierres.

La destruction d'Avebury atteignit son paroxysme au début du XVIIIᵉ siècle ; au milieu du XIXᵉ, seules vingt pierres sur deux cents restaient encore debout. Ainsi, l'étude détaillée du site se fonde sur des cartes anciennes, des techniques archéologiques modernes et des investigations géophysiques.

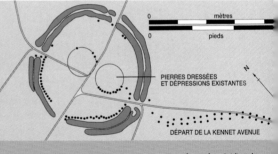

PIERRES DRESSÉES ET DÉPRESSIONS EXISTANTES

N

DÉPART DE LA KENNET AVENUE

Haut de 6 m, le talus circulaire d'Avebury mesure 427 m de diamètre. Un étroit rebord le sépare d'un fossé profond de 10 m et large de 20 m. Quatre ouvertures franchissent le périmètre : celle du nord-ouest (ci-dessus) laisse passer une route qui traverse le fossé.

La puissante enceinte circulaire d'Avebury mesure plus de 165 m de diamètre ; elle se composait d'au moins 98 monolithes dont 27 sont encore debout. Cette structure englobe deux cercles plus petits, d'un diamètre avoisinant 104 m. Le cercle méridional comprenait 34 pierres ou plus, dont 5 subsistent toujours ; 12 autres anciens emplacements de monolithes ont été détectés par des mesures de résistance des sols.

Au centre du cercle méridional, se dressait autrefois un monolithe géant, qui fut enlevé au XVIIIᵉ siècle. 4 pierres sur 26 se dressent encore dans le cercle septentrional.

Le grand cercle d'Avebury est profondément gravé dans la terre du Wiltshire. Jadis délimités par un fossé, un talus et des pierres ainsi que par de larges allées bordées de mégalithes qui s'étiraient à travers collines et vallons, les contours du complexe monumental sont aujourd'hui marqués par des arbres et coupés par des routes. Agglutiné au cœur du site, le village a depuis longtemps ouvert des brèches dans les terrassements pour s'étendre dans les champs, vers l'ouest. Une mince rangée d'arbres souligne les méandres de la rivière Winterbourne, entre le village et le tumulus de Silbury Hill (voir pages 106 et 107) qui s'élève au-dessus de la diversité des champs.

Pour beaucoup, Avebury est un monument dédié à une ancienne déesse de la Terre. Aujourd'hui, ceux qui partagent cette opinion se rassemblent sur le site pour y retrouver le sens de la méditation et de l'harmonisation avec les rythmes profonds de la nature.

La Kennet Avenue (ci-dessus) est formée d'une double rangée de grands mégalithes. Large de 15 m environ, elle relie Avebury à un petit cercle de pierre, aujourd'hui détruit, situé au sud-est et appelé « le sanctuaire ». Chaque paire de pierres comporte un élément grand et fin, tandis que l'autre est plus large et trapu : oublié depuis longtemps, ce symbolisme désigne peut-être la complémentarité des éléments mâle et femelle.

Beckhampton Avenue était une allée de pierres levées qui, jadis, reliait une des entrées de l'enceinte à un cours d'eau. L'allée fut détruite aux alentours de 1800, mais une petite structure mégalithique, connue sous le nom de Cove, jouxte encore son parcours à environ 2 km du site d'Avebury. Les deux pierres restantes du Cove (ci-dessus) furent alors baptisées Adam et Ève.

Stonehenge (sud de l'Angleterre)

Vaste ensemble néolithique au cœur la plaine de Salisbury (Wiltshire), le site de Stonehenge apparaît aujourd'hui tel que des siècles de modifications successives l'ont laissé. Formé à l'origine d'un simple fossé et d'un talus (aux environs de 3000 av. J.-C.), il avait supplanté celui d'Avebury, au nord, comme le centre religieux le plus important de l'Angleterre méridionale.

Depuis fort longtemps, une fonction astronomique était attribuée au monument de Stonehenge. Observé depuis peu, l'alignement du soleil levant sur l'axe nord et la pierre en « talon » au matin du solstice d'été parut constituer une preuve suffisamment convaincante de l'existence d'un culte solaire ; à l'origine, un alignement correspondant au solstice d'hiver ne semble pas exclu. Au cours des années 1960, l'astronome américain Gerald Hawkins suggéra que Stonehenge pouvait être considéré comme un système élaboré et très complexe, permettant de calculer les éclipses solaires et lunaires.

Tout comme son mécanisme astronomique, l'édification du monument laisse songeur. Lors de la seconde phase de construction, environ quatre-vingts « pierres bleues » furent – par voie maritime et par la rivière Avon – apportées sur le site depuis les monts Prescelly, distants d'environ 385 km ; selon une légende, ces pierres, étrangères au site, arrivèrent par magie. La montagne dont elles provenaient était peut-être sacrée.

L'usage du monolithe occupant le centre de l'enceinte, dit « Pierre d'autel », à des fins de sacrifices est une hypothèse douteuse. Plus simplement, il peut s'agir d'une pierre écroulée.

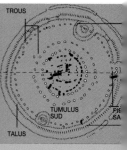

Vue de Stonehenge à la fin du XIXᵉ siècle, avant le relèvement de nombreuses pierres, tel le mégalithe incliné au centre de la photo.

L'ordre des druides (fondé au XIXᵉ siècle) célèbre le solstice d'été. William Stukeley fut, dans les années 1720, le premier à suggérer le caractère druidique du sanctuaire ; auparavant, celui-ci semblait être d'origine romaine ou danoise. En 1905, les druides initièrent plus de six cents membres en ces lieux et, jusqu'à une époque récente, la cérémonie du solstice d'été constituait le principal événement de l'année druidique.

Plan d'ensemble du complexe mégalithique de Stonehenge. La partie la plus ancienne du monument – talus extérieur et fossé d'enceinte datant d'environ 3000 av. J.-C. – entoure des structures érigées presque un millénaire plus tard. Les nombreuses sépultures découvertes ne permettent nullement de conclure à une pratique de sacrifices humains sur le site.

Structures circulaires et formes arrondies façonnent le paysage empreint de spiritualité qui environne Stonehenge.

La partie centrale de l'ensemble monumental après restauration. Bien des pierres manquaient ou gisaient à terre ; onze furent redressées et six, restaurées. Seuls, sept mégalithes n'avaient jamais été déplacés depuis leur érection. Le cercle extérieur se composait originellement de trente monolithes, dont les sommets étaient réunis par des linteaux, et le cercle intérieur en « fer à cheval » comprenait cinq trilithes (à droite).

Datant du XVIII° siècle, la reconstitution imaginaire d'un festival druidique au temps de l'apogée de Stonehenge. Comme il est fréquent pour bien d'autres monuments préhistoriques anciennement attribués aux peuples brittonniques, l'enceinte antidate toutefois la présence celtique dans le sud de l'Angleterre.

Un trilithe se compose de deux monolithes surmontés et reliés entre eux par un linteau horizontal. Les cinq trilithes situés au centre de Stonehenge furent redressés avec d'infinies précautions, et renforcés par un système de tenons et de mortaises. Large de 3 m et dépassant 8 m en hauteur, le trilithe central (ci-dessus) est le plus imposant.

Les cultures mégalithiques disparues

Les ruines d'une taula *(« table » en langue catalane) à Minorque.*
Peut-être religieuse, la destination de ces structures étranges demeure néanmoins inconnue.

Les cultures mégalithiques de l'âge du bronze qui, au second millénaire avant notre ère, se sont épanouies dans le bassin occidental de la Méditerranée, ont laissé des ruines mystérieuses dans les îles Baléares et en Sardaigne. Aucun lien probable n'existait entre elles, mais toutes deux comptaient des artisans bâtisseurs hautement qualifiés, qui érigèrent d'imposants monolithes de granit, de calcaire ou de basalte, habilement appareillés sans mortier.

Les îles Majorque et Minorque comptaient des milliers de tours en pierre calcaire – les *talayots* – constituant les vestiges d'une culture qui, manifestement, subsistait encore à l'époque romaine. L'extension de l'agricul-

ture causa la ruine d'une grande partie de ces édifices, mais ceux qui résistèrent forment des complexes clôturés ressem-blant à des fortifications ; leur destination initiale demeure mystérieuse. Certains possèdent une petite chambre nichée dans l'épaisseur de leurs murs ; la plupart, cependant, n'ont aucune ouverture. Les spéculations furent nombreuses : système de défense contre les invasions, monuments funéraires ou, plus simplement, fondations d'édifices détruits par le temps. À Minorque, le *talayot* est généralement ceinturé d'un mur de pierres et assorti d'une *taula*, grand monolithe dressé et taillé sur lequel un second repose horizontalement, formant ainsi un T. Une

SU NURAXI

Parsemée de pierres, une vaste colline isolée dominait jadis la plaine de Su Nuraxi, près du village de Barumini, au centre-sud de la Sardaigne. Une forte crue d'orage en ravina le sol, révélant ainsi qu'il s'agissait, en fait, d'un immense *nouraghe*, flanqué de quatre larges tours et de plusieurs autres, de taille inférieure reliées entre elles par un mur. L'édifice se dressait parmi des douzaines d'autres bâtiments, la plupart circulaires, ressemblant à des champignons.

Les fouilles archéologiques suggèrent que la construction de Su Nuraxi s'échelonna sur plusieurs siècles et par étapes : la tour principale datant de 1 500 av. J-C. environ ; les quatre tours flanquées, de 1 200 ; la clôture de pierre, de 900 ; les autres édifices, d'une époque postérieure. Les recherches indiquent que le site fut détruit par les Carthaginois au VIe siècle av. J.-C..

---

opinion communeattribue aux *taulas* des fonctions cultuelles ou en fait des supports centraux de salles de cérémonies. La majorité des informations concernant le peuple bâtisseur de ces structures sont fournies par les *navetas* ou *naus* (bateau, en langue catalane), pierres tombales disposées à proximité des *talayots* et ressemblant à des bateaux renversés : les fouilles ont révélé de nombreux corps et du mobilier funéraire, dont des poteries datant de l'âge du bronze ancien, ainsi que des objets en cuivre et en bronze.

Sorte de tour en forme de tronc conique, construite en blocs de basalte volcanique ou de granit, les *nouraghi*, dont le nombre dépasse 7 000 et qui se concentrent principalement au centre, au sud et au nord-est de la Sardaigne, sont des édifices courants que l'on date généralement de – 1500 à – 400 av. J.-C. Comprenant des chambres au plafond voûté ou plat et des escaliers en colimaçon menant aux étages supérieurs, ils étaient sans aucun doute habités. Les impératifs de sécurité expliquent peut-être que chaque *nouraghe* devait être au moins visible de son voisin. Les édifices les plus vastes mesurent plus de 14 m de diamètre et 20 m de haut ; quant aux murs, ils peuvent atteindre 4,5 m d'épaisseur. Outils, armes et ustensiles domestiques comptent parmi les artefacts qu'on y a découvert. D'autres objets, en argile, en métal ou en obsidienne, pourraient être cultuels. Le village de *nouraghi* Serra Orrios, près de Dorgali, comporte près de quatre-vingts édifices. On y trouve également plusieurs temples et un théâtre.

Le Naveta d'es Tudos, à Minorque,
est un des plus vieux édifices européens comportant un toit.

Machu Picchu (Pérou)

L'expansion de l'Empire inca, au XVᵉ siècle de notre ère, vit fleurir un certain nombre de petites citadelles dominant les gorges de la rivière Urubamba, à 1 000 km de la capitale, Cuzco (Pérou). Construite en pierres et possédant des palais, des temples, des places et des maisons perchées sur une crête en forme de selle de cheval entre les sommets du Huayna Picchu – « Nouveau Picchu » – et du Machu Picchu – « Ancien Picchu » –, l'une d'elles prit le nom de Machu Picchu. Une gorge profonde ceinture presque totalement le site.

Deux quartiers se partagent la ville : l'un extérieur et l'autre intérieur. Disposant d'une seule entrée, ce dernier semble avoir été un quartier religieux en raison de la fonction apparemment sacrée jadis de ses bâtiments. Un de ceux-ci enchâsse un af-fleurement granitique taillé en forme de reliquaire ou d'autel, et sous lequel une grotte creusée dans une saillie naturelle livra de nombreuses momies incas.

Selon certaines autorités scientifiques, Machu Picchu n'était rien d'autre qu'une ville fortifiée de moyenne grandeur, remarquable surtout par son extraordinaire état de conservation.

Mais l'isolement de la ville et les périmètres sacrés qu'elle abrite à l'intérieur de ses murs ont conduit à construire d'autres hypothèses quant à sa destination initiale. Celle qui prévaut en ferait un sanctuaire réservé aux Acclas, les « femmes élues », caste de vierges dévouées au dieu solaire Inti : environ 170 riches sépultures – dont 150 de femmes – ont été découvertes dans la ville.

Le granit blanc domine dans la construction de Machu Picchu. Les architectes surmontèrent les difficultés posées par l'emploi d'un matériau si difficile à travailler sur un site malaisé, en disposant les blocs de telle manière que leur taille diminuait à mesure qu'ils s'élevaient, aboutissant ainsi à des parois affinées et orientées vers l'intérieur. La cité n'avait pas cent ans lorsqu'elle fut abandonnée lors de la chute de l'Empire inca face aux Conquistadores.

Partout visibles de la ville, les gorges de l'Urubamba offrent un paysage spectaculaire. La précision des maçons incas, qui utilisaient des marteaux de pierre pour tailler les blocs de granit en forme irrégulière, était telle qu'elle rendait inutile l'utilisation de mortier.

En raison de l'isolement de la ville, les Conquistadores n'atteignirent jamais Machu Picchu. Le site était donc remarquablement conservé lors de sa découverte, en 1911, par l'archéologue américain Hiram Bingham.

...n dépit de la forte déclivité ...s pentes, les cultures en terrasse ...i-dessus et à l'extrême-gauche) ...nètrent de 300 m à l'intérieur ... la ville. Les murs de ...utènement s'élèvent de 3,5 m ...ur chaque terrasse emblavée ...gue de 3 m.

Le grand autel du Torréon fut habilement sculpté dans un bloc de granit. Malgré l'étroitesse et l'aspérité des surfaces, les assises et les marches s'ajustent parfaitement à l'environnement.

Le inti-huatana, ou « point d'ancrage du soleil », se dresse à plus de 2 m au-dessus d'un affleurement rocheux situé dans le temple principal. Caractéristiques de plusieurs temples incas, les monolithes de ce type étaient associés à un culte solaire ou à l'observation de sa course. Cette pierre est la seule demeurée intacte ; considérées comme des symboles païens, les autres ont été détruites par les

Les pyramides

L'Égypte connut son âge d'or au milieu du IIIᵉ millénaire av. J.-C. : la multiplicité des nécropoles royales en forme de pyramide, bâties sur la rive occidentale du Nil, en témoigne. Abritant les corps momifiés des pharaons, ces monuments constituaient la première étape de leur voyage dans l'au-delà. Les textes des pyramides indiquent la raison de leur éprouvante situation : l'âme des rois défunts devait utiliser les rayons du soleil, auxquels s'accordait la structure géométrique des ouvrages, comme rampe d'accès au ciel.

La valeur symbolique de ces monuments commença néanmoins à perdre de sa force au cours du XIIIᵉ siècle av. J.-C., lorsque le revêtement calcaire qui les recouvrait à l'origine fut peu à peu exploité comme carrière. De nos jours, néanmoins, la force d'attraction exercée par les pyramides demeure vive, tant en raison de leur technique de construction que de la spiritualité qu'ils évoquent.

La forme architecturale des pyramides d'Égypte s'inspire du mastaba, simple enclos à ciel ouvert abritant en sous-sol les

Les pyramides et le grand Sphinx de Gizeh

chambres du défunt. Il y a près de 5 000 ans, sous le règne de Djoser (IIIᵉ dynastie), un architecte célèbre nommé Imhotep dessina à Saqquarah une tombe royale de conception entièrement nouvelle : en superposant six mastabas de tailles décroissantes, il obtint une pyramide à degrés. Pendant le demi-millénaire suivant, le volume des monuments s'accrut et leurs parois devinrent de plus en plus lisses. Enfin, sous le règne de Khéops, la plus grande de toutes les nécropoles surgit des sables à Gizeh.

Entre la fin du IIIᵉ millénaire av. J.-C. et le premier, les Mésopotamiens cuisirent et assemblèrent au bitume des millions de briques qui servirent à l'édification de monuments pyramidaux, symbolisant les trajectoires des planètes et appelés ziggourats. Pyramides à degrés, ces édifices comportaient des angles aux quatre points cardinaux et un escalier principal reliait la base à un petit temple juché au sommet. Ils évoquaient peut-être un tertre primitif antérieur à la séparation du ciel et de la terre au début de la Création : si tel est le cas, ils ont parfaitement pu représenter des demeures de dieux.

À El Tajín, au Mexique, la « pyramide des niches » contenait 365 alvéoles qui, peu ou prou, étaient liés au nombre des jours de l'année solaire.

LE POUVOIR DE LA PYRAMIDE

Au Moyen Âge, les chambres caverneuses enfouies dans les profondeurs de la grande pyramide de Gizeh, censée être une source de sagesse, abritaient des cultes voués aux étoiles. L'intérêt croissant pour l'ésotérisme poussa certains Occidentaux, au cours des deux dernières décennies, à récupérer la mystérieuse puissance spirituelle des pyramides en bâtissant les leurs, en carton, plastique ou autre matériau moderne. Persuadés que la forme pyramidale en elle-même contenait le secret de son pouvoir, ils y pratiquaient méditations, prières et diverses formes de thérapies. Ingénieur électronicien tchèque, Karel Drbal put affirmer que le stockage de lames de rasoir sous une pyramide en carton conservait leur affûtage pendant 200 utilisations, et fit breveter son « affûteuse pour lames de rasoir de la pyramide de Khéops ». D'autres étaient convaincus que les légumes gardaient leur fraîcheur plus longtemps ou se déshydrataient sans dommage dans des cageots en forme de pyramides.

Au cours de cette cérémonie religieuse au Brésil, la pyramide agit comme catalyseur et amplificateur de l'énergie spirituelle.

Après celles du Proche-Orient, les pyramides les plus connues sont celles d'Amérique centrale, bâties en terre et revêtues de pierres. Typiques, elles comportent des degrés coiffés d'une plate-forme ou d'un temple. La pyramide « El Castillo » de Chichén Itza, cité maya du Mexique qui s'épanouit entre la fin du Xe et le XIIIe siècle, mesurait 25 m de haut. Symbolisant les neuf mondes souterrains de la cosmogonie maya, ses neuf terrasses menaient à un simple temple rectangulaire. Les prêtres devaient en gravir les marches pour offrir des sacrifices à leurs dieux. Les bas-reliefs de ces pyramides représentent des hommes barbus, qui semblent composer le personnel sacerdotal du dieu serpent Quetzalcoatl.

Reflet d'un vif intérêt pour l'astronomie et la mesure du temps, une orientation solaire apparaît nettement dans nombre de pyramides égyptiennes et méso-américaines. La similitude de structures architecturales entre ces monuments relevant de contextes culturels si différents répondait également à

Cette illustration du XVIe siècle montre des prisonniers de guerre aztèques sacrifiés au soleil sur une pyramide.

certaines nécessités techniques. Il fallait combiner les exigences d'une grande hauteur avec celles de la stabilité. De taille massive et imposante, ces monuments manifestaient à l'évidence l'immense puissance des élites qui décidèrent de leur édification.

La grande pyramide de Gizeh (Égypte)

La grande pyramide de Khéops surgit des sables du désert sur l'emplacement d'une nécropole royale construite au cours de la IVᵉ dynastie (environ 2613-2494 av. J.-C.), à Gizeh, non loin de l'actuelle capitale, Le Caire. Elle fut bâtie en blocs de pierres calcaires pesant chacune plus de deux tonnes, débités par des corporations de tailleurs de pierres, et transportés sur le chantier par de larges pistes et rampes d'accès depuis une carrière voisine. Selon l'historien grec Hérodote (environ 485-425 av. J.-C.), la construction dura trente ans et les diverses générations de travailleurs qui s'y succédèrent posèrent plus de deux millions de blocs s'élevant sur une base carrée de 230 m de côté, pour atteindre une hauteur totale de 147 m.

La vie du pharaon Khéops est assez mal connue, mais son nom apparaît à plusieurs reprises sur divers monuments du pays. Certains membres de son entourage firent élever leurs propres temples et tombes autour de sa pyramide. La seconde des trois grandes pyramides de Gizeh est celle de son fils Khéphren.

Comme tous les souverains égyptiens, Khéops était révéré à l'image d'un dieu et le peuple portait des amulettes gravées à son nom sacré. Si l'on parlait encore de son règne à l'époque ptolémaïque, plus de 2 000 ans après sa mort, sa pyramide inspirait moins de respect ; elle fut probablement dégradée et pillée pendant l'époque troublée qui succéda immédiatement à la chute de l'ancienne dynastie (environ 2181 av. J.-C.). Le site de Gizeh fut ultérieurement exploité comme carrière.

Statue colossale à corps de lion et à tête d'homme, le grand Sphinx semble avoir pour fonction de garder la pyramide de Khéphren (environ 2520 av. J.-C.).

La perfection géométrique du monument funéraire de Khéphren représente un symbole universel de défi héroïque à la mort, d'arrogance des vivants, de pérennité des civilisations, du caractère inaliénable des anciennes croyances et de la puissance psychique de la géométrie abstraite.

Plusieurs galeries étroites menant aux chambres funéraires et un tunnel, muré au IXᵉ siècle par le calife Al' Mamoun, s'ouvrent dans la pyramide.

Les pyramides de Gizeh sont les seuls témoins restant des sept Merveilles du Monde.
Le pillage des blocs de pierres calcaires éroda le sommet de la grande pyramide sur une hauteur de 9 m.

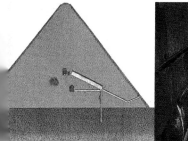

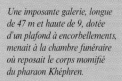

L'entrée de la pyramide s'ouvre sur une galerie descendante menant à une fausse chambre initialement prévue pour recevoir le sarcophage. Avant d'en achever la construction, les bâtisseurs semblent avoir changé leurs plans au profit d'une galerie ascendante. Ils percèrent alors un troisième couloir vers le cœur de la pyramide qui débouchait sur la chambre funéraire de Khéphren.

Une imposante galerie, longue de 47 m et haute de 9, dotée d'un plafond à encorbellements, menait à la chambre funéraire où reposait le corps momifié du pharaon Khéphren.

Au cours de leurs rites initiatiques, les francs-maçons invoquent la puissance sacrée des pyramides, représentées, ci-dessus, sur leur emblème. Réintégrant le triangle (image de la trilogie cosmique : naissance, vie et mort) et le carré (qui représente les quatre quartiers de l'univers) dans l'unité, l'ancienne sagesse ésotérique en faisait un symbole de vie et de résurrection spirituelle.

La roche habitée

La forte érosion subie par les vallées de Cappadoce (Anatolie centrale), jadis recouvertes de cendres volcaniques, en a fait un paysage lunaire parsemé d'étranges formations coniques, parfois isolées, parfois accolées l'une à l'autre, ressemblant un peu à des moines encapuchonnés.

Chargé par la cour de France d'une mission d'exploration dans le bassin méditerranéen à la fin du XVIIIe siècle, le premier étranger qui reconnut cette région reculée et inhospitalière, nota qu'il y voyait des « maisons pyramidales ». Les explorateurs confirmèrent plus tard que celles-ci étaient effectivement creusées dans des cônes et habitées par des troglodytes (hommes des cavernes) qui s'acharnaient à survivre en ces lieux bien arrosés mais non fertiles. Plus frappantes encore que les habitations, les étables ou les pigeonniers creusés dans le roc, sont les innombrables églises, petites chapelles et sombres petites cellules exiguës où, il y a mille ans, des moines et autres ermites chrétiens consacraient leur vie à la prière solitaire.

Les grottes expriment le désir d'unité entre l'esprit humain et le corps de la terre. Entre le IIe siècle avant notre ère et le Ve ap. J.-C., la masse rocheuse fut creusée par des générations de dévots bouddhistes qui fondèrent à Ajanta (Inde) des temples rupestres tapissés de scènes de la vie du Bouddha (voir pages 134 et 135).

À la fin du VIe siècle, les hindous dédièrent au dieu Shiva le grand temple rupestre creusé sur l'île aux Éléphants dans le port

Grottes creusées dans les étranges formations rocheuses nées de l'érosion volcanique, en Cappadoce

L'ERMITAGE DE NICETAS LE STYLITE

L'accès voûté à un cône creux parmi les collines de Güllu Dere (la vallée de la Rose rose) en Cappadoce conduit à une petite chapelle, tapissée d'images de saints, d'apôtres, de la Vierge à l'Enfant ou de la Crucifixion, et qu'éclaire une seule petite fenêtre carrée. Elle est également consacrée à un moine nommé Nicetas qui, comme saint Siméon dont l'image se trouve à proximité, était un stylite, c'est-à-dire un moine chrétien habitant au sommet d'une colonne (en grec : *stylos*).

Au-dessus de la chapelle, non loin du sommet du cône, les éboulis rocheux permettent d'entrevoir une cellule exiguë, dont le plafond est gravé d'une croix et où Nicetas se serait abrité, il y a deux millénaires. La cellule n'était accessible que par une échelle ou par des prises rudimentaires taillées dans la paroi extérieure et menant à une ouverture au sommet du cône.

Un stylite vu par l'œil d'un artiste

de Bombay. Le bâtiment principal possède une nef à colonnes menant à un linga, symbole phallique du dieu (voir pages 22 et 23). De part et d'autre de cet espace central consacré à l'adoration, se tiennent des chapelles ornées de sculptures relatives à la vie du dieu. La ferveur bouddhiste qui embrasa le pays à partir du IVe siècle de notre ère, inspira des constructions analogues dans des régions éloignées de Chine septentrionale. Près de Maichishan, ou Corn Rock Mountain, un temple rupestre fut élevé sur l'emplacement d'un stupa naturel, sorte de monticule de terre considéré comme le tombeau du

Habitation troglodyte creusée dans le grès rouge à Pétra, en Jordanie

Bouddha. Les siècles ont transformé la façade en cellules alvéolaires, allant de la simple niche au temple à colonnes et plafonds voûtés. Les tremblements de terre et le ravinement de la roche friable ont causé l'effondrement de quelques chapelles, mais beaucoup abritent encore des statues d'argile du Bouddha et de ses disciples, ainsi que celles d'autres divinités bouddhiques et de fidèles.

Ancienne tombe à façade inachevée et creusée dans le grès à l'époque byzantine, l'église rupestre de ad-Dayr (le « Monastère ») à Pétra en Jordanie compte parmi les plus remarquables du genre.

Tombes creusées dans la roche, à Pétra (Jordanie). Les monuments qui subsistent datent pour la plupart de 100 av. J.-C. à 150 ap. J.-C. Les façades classiques reflètent les liens commerciaux étroits avec le monde hellénistique.

Ajanta (Inde centrale)

Œuvre des bouddhistes qui en firent un lieu de retraite entre le IIᵉ siècle av. J.-C. et le Vᵉ ap. J.-C., les vingt-neuf temples rupestres d'Ajanta furent creusés dans la paroi verticale des gorges sinueuses et en forme de fer à cheval de la rivière Waghora, en Inde centrale. Entrées à colonnades et intérieurs sculptés caractérisent nombre de ces grottes, dont l'aspect remarquable est notamment dû aux fresques qui ornent la quasi-totalité des parois et des plafonds.

Évoquant des thèmes complémentaires, ces peintures ont toutes été réalisées avec les mêmes pigments. Une grande variété de sujets ornaient les diverses parties du complexe : représentations du Bouddha à proximité des antichambres et des temples, et *jatakas* (contes populaires relatant les précédentes incarnations du Bouddha), dans les halls principaux. Les plafonds étaient décorés de fresques à motifs géométriques mêlés à des figures animalières ou végétales suggérant le jardin d'Éden. Une telle conception unitaire révélant une vision profondément holistique du cosmos.

Réalisée au Iᵉʳ siècle av. J.-C., une des scènes représente un prince et sa cour se dirigeant vers un arbre sacré où des musiciens accompagnent deux joyeux danseurs ; située dans une *vihara* (grotte de moine servant à la fois de lieu de vie et de lieu de prière) datant de la fin du Vᵉ siècle, une autre montre un prince nommé Mahajanaka entouré de très belles femmes. Bien que la première fresque décrive un rituel sacré, et la seconde un prince à l'heure de son renoncement définitif au monde, le caractère initial de ces scènes est fortement profane.

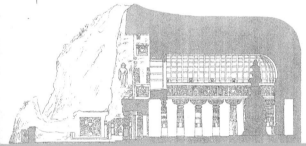

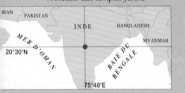

Coupe transversale d'un des temples (ci-dessus), montrant les formes architecturales complexes taillées dans la masse rocheuse. Les temples furent découverts en 1824, soit quinze siècles après leur abandon. Ces lieux de retraite aux fresques chatoyantes étaient devenus des cavernes sombres et humides, envahies, détériorées et livrées aux bêtes. À l'extrême droite de la page suivante, détail d'un des panneaux sculptés situé sur la gauche de la coupe transversale.

Les artistes d'Ajanta utilisaient des ocres naturels et de la poudre de lapis (bleu outremer). Certaines scènes de l'enseignement du Bouddha sont assez sobres, mais les descriptions de ses incarnations antérieures et des contes populaires (jataka) possèdent un caractère souvent sensuel, profane, et font intervenir des personnages gracieux et richement vêtus.

Officier au 16ᵉ Lanciers, le lieutenant James Alexander rendit compte de la découverte d'Ajanta en février 1824 : « Nos pistolets armés, nous atteignîmes la rangée supérieure des grottes en escaladant un tronc d'arbre. Entourées de larges empreintes de pieds, les traces d'un feu récent étaient visibles sur le sol de l'une d'elles. Un squelette humain entier gisait dans un coin. J'ai pu observer sur le sol de nombreuses grottes inférieures, des traces de tigres, chacals, ours, singes, paons, etc., imprimées sur la poussière de plâtre tombée des fresques des plafonds. » L'entrée de la grotte numéro neuf (à gauche) mène à l'une des nombreuses salles bordant les gorges.

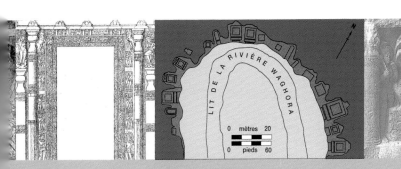

Les chambranles et le linteau de la porte donnant accès à la grotte numéro six (ci-dessus), qui s'ouvre dans le sanctuaire inférieur, portent des sculptures mêlant personnages, feuillages et animaux.

Les grottes sont creusées dans la façade semi-circulaire d'une falaise escarpée dominant de 80 m la rivière Waghora. Elles furent sommairement creusées côte à côte, entre 10 et 30 m au-dessus de la rivière. Elles sont numérotées séquentiellement, de droite à gauche, pour les besoins de la recherche archéologique.

Serpents semi-divins, les nagas (ci-dessus) habitent des palais somptueux dans une cité sous-marine nommée Bhagavati. Le maître naga représenté ici porte le nom de Naganaja.

Temples souterrains et hypogées

Les Romains célébraient les cultes mithriaques (Mithra : ancien dieu perse de la lumière) dans des cryptes sombres et des temples exclusivement souterrains, en raison d'une ancienne croyance selon laquelle ce dieu, né d'un rocher, épée et torche en main, et en paix avec le soleil, aurait égorgé un taureau au fond d'un antre ; symbole du

Cases funéraires rectangulaires creusées dans l'hypogée (sépulture souterraine) de Mada'in Salih, en Arabie Saoudite

triomphe de la vie sur la mort dans les abysses de la terre, car tous les animaux et végétaux tiraient leur origine du sang et de la chair de la bête ainsi sacrifiée. Lugubres, tous les « mithraeum » (temples de Mithra) évoquaient à la fois la vie et la mort, l'obscurité et la lumière, la terre et le ciel : un taureau était sculpté sur l'autel ; des représentations du soleil, de la lune et des planètes ornaient les plafonds. Espérant gagner l'immortalité, les fidèles s'y rassemblaient pour partager la chair et le sang d'un taureau sacrifié. Reposant sur une croyance largement répandue et partagée par un grand nombre de cultures, le mithraïsme affirmait que le terme de la vie humaine marquait le point de départ d'un autre

voyage, en phase avec les rythmes naturels.

La configuration et l'emplacement de certaines chapelles funéraires expriment sans ambiguïté cette espérance d'une autre vie après celle-ci. Élevées il y a 2 000 ans environ dans ce qui est aujourd'hui la République centrafricaine, les tertres funéraires ovales, surmontés de pierres levées, sont toujours situés à proximité d'une source, afin que le défunt ne manque jamais d'eau, si précieuse dans ces régions. Au tertre funéraire de Newgrange, édifié près de la rivière Boyne en Irlande, au IIIᵉ millénaire av. J.-C. (voir pages 138 et 139), le soleil levant darde ses rayons durant un court instant par une ouverture située exactement au-dessus de l'entrée, au matin du solstice d'hiver. Peut-être est-ce pour apporter un peu de lumière aux défunts qui reposent dans ces lieux, en ce jour le plus court de l'année ?

Expression primordiale du culte chrétien des morts, les catacombes (cimetières souterrains) rassemblaient les fidèles, au jour des Morts et aux anniversaires des défunts, pour y célébrer des cérémonies commémoratives et des messes aux intentions des défunts.

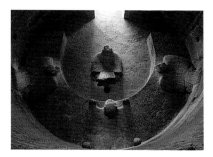

Intérieur du temple aztèque de Malinalco, taillé dans le roc et utilisé par les fidèles au cours des XVᵉ et XVIᵉ siècles ap. J.-C.

EMBARCATIONS FUNÉRAIRES

La croyance selon laquelle les défunts doivent effectuer en bateau au moins la moitié de leur voyage vers leur demeure dans l'au-delà est largement répandue. Ils y rencontrent parfois un personnage mythique, tel le passeur Charon, au visage grimaçant, qui dans la mythologie de la Grèce ancienne faisait franchir en barque la rivière Styx, au-delà de laquelle se trouvaient les Enfers. Chez certains peuples, les embarcations nécessaires aux défunts étaient comprises dans le mobilier funéraire. On enterrait parfois des barques en bois de cèdre le long des sarcophages des rois et des nobles d'Égypte, en espérant qu'elles leur servent à accompagner le dieu soleil dans sa course diurne. Les souverains et chefs de guerre anglo-saxons et Vikings choisissaient quelquefois d'être inhumés dans les bateaux pensant que ceux-ci les mèneraient vers l'éternité.

À la fin des années 1930, les archéologues qui fouillaient un petit tertre à Sutton Hoo, sur le long des côtes du Suffolk en Angleterre, découvrirent une embarcation funéraire qui datait de l'époque anglo-saxonne. Le bateau, dont il ne restait que l'empreinte, mesurait plus de 82 m de long. Malgré l'absence de corps, la sépulture recélait une fabuleuse quantité de pierres et de métaux précieux ayant servi à décorer des armes, des armures, des vêtements, une lyre, des flasques et autres ustensiles, pièces de monnaie et bijoux. Tout porte à croire qu'il s'agissait de la sépulture d'un personnage de haut rang, sans doute royal. Nombre d'éléments laissent supposer qu'il s'agit de Raedwald, roi des Angles orientaux, mort vers l'an 624 de notre ère.

Casque reconstitué trouvé à Sutton Hoo

LIEUX DE SÉPULTURES

En raison de leur environnement sauvage, certaines sépultures évoquent l'assujettissement de la dépouille mortelle aux cycles naturels ; ailleurs, le lieu de repos définitif des défunts peut être plus formel, plus artificiel.

Les empereurs moghols (Indes) choisissaient des jardins parfaitement dessinés et structurés pour construire leurs opulents pavillons. À leur mort, ceux-ci devenaient des mausolées et les jardins s'ouvraient au peuple qui pouvait rendre hommage au grand homme disparu.

Créés en 1631-1653 pour l'épouse d'un de ces empereurs, les jardins du Taj-Mahal sont censés représenter le jardin d'Éden au jour de la Résurrection. L'entrée s'orne de cette inscription encore lisible aujourd'hui : « Ici est le jardin d'Éden. Entrez-y pour vivre éternellement ! »

Face à l'urbanisation croissante du XXᵉ siècle, les cimetières furent souvent le dernier refuge de la nature en ville. C'est ainsi que le cimetière de Woodland, aux environs de Stockholm, fut conçu par Gunnar Asplund (1885-1940) en réaction à la croissance démographique de la capitale suédoise. Espérant renouer avec un passé romantique, Asplund y intégra des sapinières d'essences locales et eut recours au style classique pour les installations proprement funéraires du cimetière. Rappel des bosquets de la Grèce antique, le sommet boisé d'une colline est censé favoriser le recueillement.

Au cœur d'un paysage désolé, une tombe couverte à Pentre Ifan, au sud du pays de Galles

Newgrange (Irlande)

Vaste chambre funéraire ou monumentale allée couverte et coiffée d'un tertre, Newgrange fut édifié il y a plus de 5 000 ans sur une boucle de la rivière Boyne, dans le comté de Meath, en Irlande. Deux autres monuments du même genre, situés à l'est (Douth) et à l'ouest (Knowth), ainsi qu'un certain nombre d'enceintes en terre, s'élèvent dans le paysage environnant.

Un étroit passage s'ouvre dans le monument et conduit à une chambre principale dominée par une voûte à encorbellement ou coupole, et à trois autres petites chambres cruciformes à toit plat. Les ossements d'au moins quatre individus – dont deux incinérés – furent exhumés près de la sépulture.

En un endroit, les parois effondrées du tertre obturaient l'entrée, non loin de laquelle furent découverts des restes d'habitats datant d'un âge compris entre le néolithique tardif et le premier âge du bronze. En 1972, le professeur M. O'Kelly découvrit, au-dessus de l'entrée, une lucarne (« roof box ») orientée, permettant à un rayon de soleil de balayer le triple motif en spirale situé à plus de 180 m au cœur de la chambre funéraire, au matin du solstice d'hiver.

Le monument de Newgrange conserva toute son importance à l'époque celtique : en témoignent les ors et autres ornements inspirés ou importés de la province romaine de Bretagne, ainsi que des pièces de monnaie impériales trouvées dans le tertre et constituant peut-être des offrandes aux génies du lieu. Les tertres funéraires préhistoriques entrèrent dans le folklore irlandais sous le nom de *sidhe* ou tertres des fées. Newgrange est supposé abriter le dieu de l'amour Oenghus.

Le tertre de gazon et de pierres qui recouvre la sépulture de Newgrange mesure 11 m de haut et près de 90 m de large. Accolées l'une à l'autre, dix-sept pierres grossièrement taillées entourent la base du monument ; la plus grande est longue de 5 m. À l'origine, ces pierres soutenaient un mur haut d'environ 3 m.

Newgrange est l'un des quelques monuments mégalithiques dont la destination astronomique est clairement confirmée. À l'aube du solstice d'hiver, la chambre funéraire est éclairée par un fin rayon solaire qui pénètre par une trouée aménagée au-dessus de l'entrée.

OCÉAN ATLANTIQUE

53°35'N IRLANDE

DANEMARK

GRANDE BRETAGNE

ALLEMAGNE

FRANCE

6°27'O

Vieux de 5 000 ans, le tertre de Newgrange se dresse comme une forteresse de pierres au-dessus des pâturages irlandais. Les mouvements de terrain environnants laissent deviner l'existence d'autres monuments préhistoriques dans un périmètre hautement sacralisé.

Un cercle de pierres levées entoure le tertre de Newgrange (plan ci-dessus) ; sur les 35 originellement dressées, 12 sont encore debout, dont la plus grande mesure environ 8 m de haut. On ne sait si le cercle appartient à la même époque que le tertre ; il peut être lié à une structure antérieure édifiée sur le même emplacement.

Derrière l'entrée monumentale du tertre de Newgrange, s'ouvre une galerie longue de 19 m et large de 1 m (ci-dessus), composée de mégalithes que couvrent 17 grandes tables de pierre. Situées à l'entrée, deux d'entre elles pèsent plus de six tonnes. Au fur et à mesure qu'elle s'enfonce vers la chambre, la galerie s'élève progressivement de 1,5 à 2 m.

Le site abonde en pierres ornées de décors géométriques. Une stèle couverte de spirales, de losanges et d'arcs concentriques gravés avec des outils en silex, se dresse devant l'entrée du monument (ci-dessus). Le motif en spirale paraît symboliser la progression de l'âme vers la paix ultime et la renaissance, après le passage de la mort.

Ninstints (îles de la Reine-Charlotte)

Le village abandonné de Ninstints se blottit au creux d'une baie abritée de l'île Anthony, dans les îles de la Reine-Charlotte au large de la côte pacifique du Canada. Vivant des produits de l'océan – de la baleine tueuse à l'oursin – chassant et collectant dans les forêts côtières, ce peuple de marins, les Haidas, occupa ces îles durant au moins 7 000 ans.

Ninstints était le village principal des Kunghit Haidas, qui habitaient la partie la plus méridionale du territoire. Les Haidas l'ont appelé Sqa'ngwa-i Inaga'i (Red Cod Island Town) à la suite d'une abondante pêche locale de tortues rouges. L'appellation actuelle vient de la déformation européenne du nom du chef Nanstins (Celui qui est deux), dernier de son état à gouverner le village avant son abandon à la fin du XIXᵉ siècle.

Les Kunghit Haidas se divisaient en deux grands groupes – les Aigles et les Corbeaux – chacun comportait plusieurs clans qui possédaient ses traditions, ses mythes et ses symboles propres dont beaucoup figuraient sur les mâts totémiques trouvés à Ninstints. Le premier clan rencontré par les Européens se nommait « Ceux qui sont nés dans la ville des chants de la victoire » (voir ci-contre, en bas).

À l'arrivée des Européens au XIXᵉ siècle, Ninstints était un des trente à quarante villages des îles. Dix ans plus tard, cependant, la variole avait décimé la population, tandis que les activités missionnaires et les interventions gouvernementales entraînaient une grave acculturation. Ninstints et tous les autres villages Haidas – sauf deux – furent totalement désertés dans les années 1880.

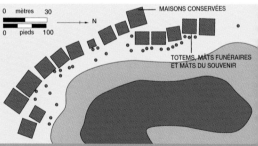

MAISONS CONSERVÉES

TOTEMS, MÂTS FUNÉRAIRES ET MÂTS DU SOUVENIR

Les Haidas érigeaient des mâts funéraires surmontés de coffres en cèdre contenant les dépouilles de leurs morts.

Reconstitution archéologique du plan du village de Ninstints, indiquant l'emplacement des maisons et des totems qui leur étaient associés. Outre les poteaux funéraires, les habitants érigeaient aussi des mâts du souvenir portant les emblèmes de ceux qui avaient trouvé la mort

loin du village. Chaque maison avait un nom : la plus méridionale s'appelait « Les êtres pensent à cette maison même en dormant parce que Le maître nourrit tous ceux qui appellent ». Considérée comme un site d'une « exceptionnelle valeur universelle », Ninstints est inscrit sur la liste du Patrimoine mondial.

Usés par les intempéries, les mâts totémiques en bois de cèdre se dressent devant les maisons en ruine de Ninstints.
Les figures sculptées représentent des êtres mythiques et des animaux totémisés – ours, corbeaux et aigles.

Ninstints comptait plus de trois cents âmes, réparties en une vingtaine de foyers. Spacieuses, rectangulaires, entièrement construites en bois de cèdre, les maisons étaient soutenues par des poteaux verticaux et habillées de larges planches

fixées sur des madriers horizontaux. Le bois tendre et aromatique du cèdre rouge fournissait aux Haidas un matériau idéal pour la sculpture et la construction, car il résistait aux intempéries, tout en restant facile à couper et à travailler à l'aide d'herminettes et autres outils.

Visage sculpté décorant un coffre placé au sommet d'un poteau funéraire. Les sculptures représentaient généralement des animaux associés au clan du défunt. Ici, la lune et l'oiseau du tonnerre, emblème du clan de « Ceux qui sont nés dans la ville des chants de la victoire ».

En osmose avec la Terre

Parmi tous les chercheurs qui scrutent attentivement le passé, ceux qui orientent leurs études vers les rapports liant nature et spiritualité bénéficient d'une relation exceptionnellement dynamique avec l'objet de leur recherche, et peuvent se mouvoir dans ce cadre avec une rare liberté. Le bonheur qui s'en dégage est en partie une affaire d'échelle. On s'ouvre à des horizons plus vastes et, par là même, on favorise l'émergence des vraies questions en fréquentant assidûment les cercles mégalithiques ou les sépultures taillées dans le roc.

La dernière partie de cet ouvrage recense certaines traditions qui entretiennent un rapport privilégié avec la Terre sacrée. Ainsi pour guérir les malades, retrouver le gibier perdu ou affronter des situations angoissantes, le chamane adopte une conception profondément holistique du cosmos. Pour déterminer un cadre favorable à la vie quotidienne, le géomancien, lui, utilise les méridiens d'énergie invisibles de la nature.

Le chercheur qui étudie les alignements tente de percer les liens mystérieux qui parcourent l'architecture sacrée de la nature. Le dessinateur de jardins crée une image du paradis. Tournant son regard au-delà de la terre, l'astrologue recherche l'ultime signification de l'univers.

À la fin de la décennie 1980-1990 et au début de la suivante, les champs de céréales de la Grande-Bretagne méridionale virent fleurir, généralement en une nuit, des dizaines de cercles et autres motifs. On sait aujourd'hui que la plupart de ces œuvres étaient le fait de plaisantins ; certains affirment encore, toutefois, que d'autres proviennent d'une mystérieuse énergie tellurique. Photographiée le 5 août 1994 dans les Marlborough Downs, cette figure circulaire évoque un sceau astrologique médiéval.

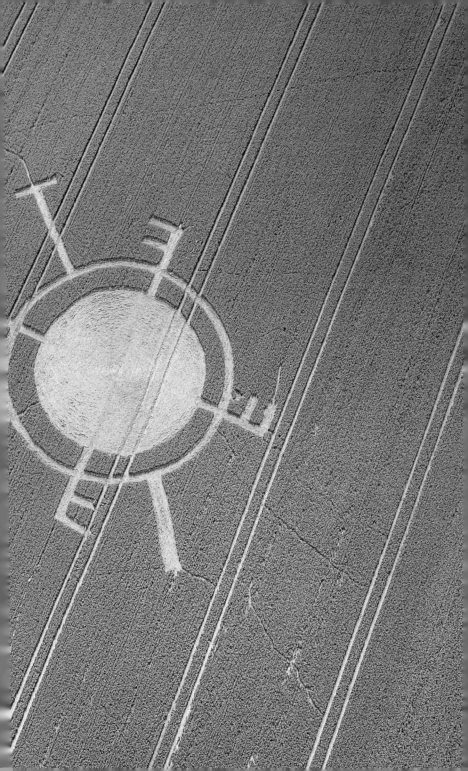

La terre du chamane

Chamane sud-américain, Celso Fiallo attise un feu purificateur sur son autel pour éloigner les puissances maléfiques.

Le chamane de la tribu Matsigenka des hauts plateaux du centre et de l'est péruvien se déplace à travers un paysage animé, en compagnie d'esprits. Il est à même de reconnaître dans tel rocher situé près d'une rivière, la silhouette de la déesse Paréni – mère des poissons et du gibier – ou de percevoir les génies bénéfiques demeurant dans les hautes terres, dans les lacs et les rivières.

Cette osmose avec la nature est un privilège du chamane, qui entre en contact direct avec le monde surnaturel. En état de transe, il circule dans la terre ou le ciel pour rencontrer et collaborer avec les génies bienveillants ou les déités. Parvenu dans cet autre monde (ou cet autre état de la conscience), il communique avec les esprits animaux et peut affronter psychiquement des forces maléfiques. Puis, revenant dans la vie quotidienne, il est capable de prédire l'avenir ou d'apporter son aide à des êtres affaiblis par la maladie ou fragilisés par des troubles émotionnels.

La vocation chamanique se découvre généralement suite à une épreuve soudaine et mystérieuse, suite à un déséquilibre mental passager ou, parfois, à des rêves étranges et bouleversants. Les initiés peuvent ensuite entrer dans un état de transe extatique ; ils développent leur don par des pratiques nombreuses et variées. Chez les Algonquins, par exemple, les chamanes se préparent à l'état extatique par la privation de sommeil, d'eau ou de nourriture ; chez les Matsigenkas, une

LES SORCIERS-GUÉRISSEURS DU PÉROU

Les *curanderos* (en espagnol « guérisseurs ») de la côte septentrionale du Pérou, tirent leur pouvoir du rituel catholique et de la mescaline hallucinogène. Ils tentent de contrôler les *encantos* ou forces telluriques, par une séance de spiritisme et un rituel. Le *curandero* officie sur une *mesa* (en espagnol « table »), sorte d'autel où s'étalent des objets répartis selon des zones symbolisant les différents royaumes du cosmos.

À gauche, sont souvent disposés les objets associés aux enfers : tessons de poterie provenant de vieux cimetières ou coquillages des fonds marins. À droite, ceux qui sont reliés au ciel : images pieuses, herbes de montagne ou cristaux. Les montagnes censées contenir beaucoup d'*encantos*, il n'est pas rare que des pierres appelées *cerros* (« montagnes ») soient disposées dans cet étalage. Le processus de guérison se déroule au centre de la *mesa*, point de convergence de forces cosmiques opposées.

décoction d'ayahuasca – plante hallucinogène – les conduit sur le chemin du paradis et de l'enfer. Chamane du sud de la Californie, un certain Paviotso raconta comment il acquit son pouvoir alors qu'il tentait de s'endormir dans une grotte et qu'il entendit des grognements d'ours, de couguars et autres animaux provenant de la montagne. Le rocher qu'il occupait se fendit soudain ; un homme en sortit et lui enseigna les mantras nécessaires à la guérison de la maladie ainsi que la recette de nombreuses potions : plumes, sabots de cerfs, duvet d'aigle et tabac.

Au Nigeria, les hommes-médecine Ibos (un homme-médecine est avant tout un chamane préoccupé du soulagement des maux et des maladies) captent le pouvoir de la déesse de la terre Ani en utilisant différentes parties de son corps – argile,

Les chamanes méso et sud-américains entrent sans doute en transe par consommation de décoctions de plantes hallucinogènes : ayahuasca (à gauche) ou cactus peyotl (à droite).

écorces ou feuilles des arbres – dans un but de divination. Dans d'autres régions d'Afrique, les apprentis chamanes suivent une formation de plusieurs mois dans des cases rituelles et en sortent transformés, affublés de noms nouveaux qui marquent le rôle et le statut qui sont désormais les leurs dans la tribu.

Un chamane Dogon du Mali interprète les traces d'un renard sur un diagramme en sable.

Géomancie et feng shui

La géomancie définie comme « la science permettant de mettre les habitations et les activités humaines en harmonie avec les mondes visibles et invisibles ». Depuis le néolithique, la plupart des cultures semblent l'avoir plus ou moins pratiquée et nombreuses sont celles qui l'utilisent encore en Asie, en Afrique et ailleurs. Dans l'Occident urbanisé, elle a connu ces temps derniers un regain de popularité auprès de ceux qui cherchent dans les anciennes formes religieuses la voie d'un art de vivre plus respectueux des forces immanentes de la nature.

Hautement élaborée, la géomancie chinoise ou *feng shui*, partage la Terre en deux forces puissantes opposées : l'une, positive et bienfaisante, appelée *Chi* ; l'autre, négative et dangereuse, appelée *Sha*. À chacune correspond un type de paysage. Les esprits maléfiques se déplaçant selon des méridiens rectilignes, montagnes et collines bloquent donc leurs mouvements, jouant ainsi un rôle protecteur puisqu'elles attirent de ce fait la force bénéfique *Chi*. Ses connaissances lui permettant de déterminer la nature harmonieuse ou non des forces imprégnant

Un géomancien Dogon, du Mali, interprète les traces d'une souris sur une représentation du cosmos.

Le maître de feng shui *utilise un compas magnétique sophistiqué (à gauche), comportant plusieurs cercles concentriques, pour déterminer les lignes d'énergie et autres éléments cosmologiques.*

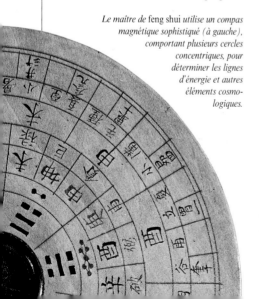

tel ou tel lieu, un maître de *feng shui* est apte à décider de l'emplacement d'une nouvelle maison, d'un palais, d'une tombe ou même d'une ville entière.

L'énergie contenue dans un site étant supposée influencer les événements ultérieurs qui s'y dérouleront, le jugement du maître est déterminant. Ainsi, lors de l'édification, à Hong-Kong, du nouveau siège central de la Banque de Hong-Kong et de Shangai, dans les années 1980, les patrons prirent soin de consulter un maître de *feng shui* et d'obtenir son accord quant à l'architecture et l'emplacement de leur gratte-ciel.

La plupart des géomanciens chinois s'appuient toujours sur les données immémoriales contenues dans leurs anciens manuels pour calculer les énergies terrestres.

PÉKIN ET LE FENG SHUI

Au cours des siècles, les modifications de Pékin ont été conduites en accord avec les principes du *feng shui*.

En dépit des écrans montagneux, l'urbanisme a grandement altéré la protection de la cité. Les vents du nord étant considérés comme dangereux, les portes septentrionales semblent être vulnérables ; aussi, la porte nord de l'enceinte du Palais impérial (la Cité interdite) est-elle protégée par une colline artificielle nommée Prospect Hill.

Au sud, l'équilibre entre les forces opposées du feu et de l'eau est réalisé au moyen d'une petite rivière artificielle : celle-ci neutralise la nature « feu » attribuée à la porte méridionale avant de rejoindre la nature « eau » de la cour intérieure, où se neutralisent les deux forces.

La Cité interdite de Pékin (ci-dessus) fut édifiée selon des principes géomantiques.

Ainsi, la forme et la structure des montagnes, vallées, plaines et autre trait de la nature suggèrent la silhouette d'un animal ou d'une partie de corps humain : cette silhouette va, à son tour, donner une indication sur la nature des forces invisibles au travail dans la zone. Une région accidentée, escarpée, passe pour être de nature mâle ; une autre, formée d'ondulations, est considérée comme femelle. Un lieu entouré de collines est assimilé à un tigre tapi : l'endroit est protégé, surtout si le bâtiment est situé près de la tête ou des pattes de l'animal. Les crêtes de montagnes représentent le dos d'un dragon, et donc émettent de puissantes énergies positives ; ces lieux de forte concentration sont appelés « antres de dragon ».

Aux yeux d'un maître de *feng shui*, l'emplacement idéal est celui dont trois côtés sont protégés contre les forces négatives. Entouré de montagnes au nord, à l'est et à l'ouest, Pékin est situé dans une plaine ; dans le Fujian, les habitants de Xiamen attribuent leur bonne fortune à la protection offerte par deux grandes collines – la Tête du Dragon et la Tête du Tigre – situées de part et d'autre du port urbain. Modifier un paysage ou édifier des pagodes aux emplacements dangereux ou non protégés constituent autant de moyens susceptibles de rendre un lieu plus accueillant. La destruction ou le déplacement de bâtiments entiers peuvent améliorer les champs d'énergie ; à la fin de la dynastie des Qing (1644-1911), un géomancien, connu pour ses nombreuses recommandations de destruction, fut surnommé « Soleil qui détruit la maison ».

Toute désorganisation du paysage passe pour affecter ses énergies naturelles. C'est ce type de crainte qui provoqua les vives protestations des habitants lorsque des forages pétroliers furent entrepris sur l'île Hainan, en Chine méridionale.

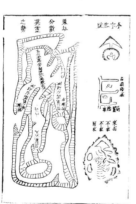

« Cartes des énergies » établie par un maître de feng shui

Les axes sacrés

À partir du centre religieux formé par le temple du Soleil de Cuzco, rayonnaient quarante et un axes sacrés, dont on peut encore deviner le tracé en les confrontant aux 328 alignements de *huacas* (sites sacrés) qui environnaient la capitale des Incas et dont le nombre égalait celui des jours de leur calendrier. La destination astronomique de certains axes a été démontrée, tandis que d'autres étaient des pistes empruntées par des victimes sacrificielles. Certains chercheurs n'excluent pas qu'ils aient également pu servir à des trajets rituels : ainsi, certains pèlerins auraient emprunté chaque hiver un axe orienté vers le sud-est, celui du soleil solsticial et celui de l'île du Soleil, située au milieu du lac Titicaca, distant de plus de 320 km.

L'église de Saint-Michel de Rupe, à Brentnor, dans le Devon, à l'ouest de Dartmoor

Pionnier de la photographie et homme d'affaire, Alfred Watkins publia, en 1925, un ouvrage intitulé *The Old Straight Track*, dans lequel il montrait que des sites anciens – monuments mégalithiques, églises, sources sacrées et cairns – étaient implantés sur des axes invisibles, striant la campagne anglaise de trajets rectilignes sur des dizaines de kilomètres. Ainsi, dans le Wiltshire, un de ces

Le mont Saint-Michel en Cornouailles

axes, dont la cathédrale de Salisbury semble presque marquer le milieu, s'avère former un lien entre plusieurs ensembles préhis-

toriques, dont Stonehenge fait partie. Ayant découvert que le mot « clairière » apparaissait fréquemment dans la dénomination des sites bordant ces alignements, Watkins baptisa ces axes « clairières ». Selon cet auteur, ils auraient, à l'origine, eu un caractère pratique, en formant une sorte de quadrillage au sol qui permettait de guider les voyageurs. Ces axes franchissaient collines et montagnes sur lesquelles des feux allumés balisaient leurs parcours. À la manière des géomanciens chinois, les compatriotes de Watkins, qui fondèrent le *Old Straight Track Club*, allèrent même jusqu'à considérer ces axes comme un réseau de lignes d'énergie physique et spirituelle parcourant la nature et finalement relié aux étoiles. Coupant le cercle de pierres de Boscawen-un, près de Penzance en Cornou-ailles, un de ces axes relie un

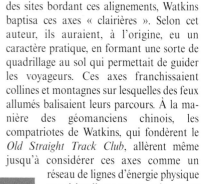

ermitage situé sur l'île de Saint-Clément au large de la côte, à la constellation des Pléiades dans la position qu'elle occupe au mois de septembre.

L'église de Saint-Michel à Burrow Mump, dans le Somerset

D'autres chercheurs européens poursuivirent leurs investigations personnelles sur les axes sacrés. En Allemagne, son pays natal, et en Tchéco-slovaquie, Joseph Heinsch découvrit des axes reliant des églises bâties sur des sites préchrétiens. Un peu plus récemment, au début des années 1970, le chercheur français Lucien Richer révéla un extraordinaire alignement de sites

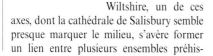

sacrés qui s'étendait à travers l'Europe, depuis l'île de Skerrig Michaël au sud-ouest de l'Irlande, jusqu'au mont Carmel en Israël. Cet axe passait par le mont Saint-Michel en Cornouailles, le mont Saint-Michel, également, en Normandie, par Delphes, Athènes et Délos, en Grèce. Le long de cet axe, de très nombreux sanctuaires dédiés à saint Michel, le

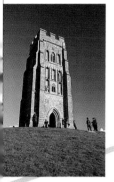

La tour Saint-Michel, sur Glastonbury Tor

porte-étendard des Archanges et le défenseur des intérêts de Dieu contre Satan, et à Apollon, le dieu grec de la lumière, des arts et de la divination, ont été érigés. Pour la plupart, ils sont situés sur de hauts promontoires rocheux.

L'AXE SAINT-MICHEL

Situé sur l'axe transeuropéen de saint Michel (voir texte à gauche), le mont Saint-Michel en Cornouailles est aussi le point d'aboutissement d'un des plus longs alignements de Grande-Bretagne (voir photos page précédente à gauche, et ci-dessous), qui correspond à celui du soleil levant au 1er mai et traverse le complexe mégalithique d'Avebury (Wiltshire).

L'abbaye médiévale de Bury Saint-Edmunds, dans le Suffolk, constitue l'extrémité orientale de l'axe Saint-Michel, décrit ci-dessus.

LA RADIESTHÉSIE

La radiesthésie est l'art divinatoire le plus populaire en Occident.

L'image traditionnelle fait du radiesthésiste un homme capable de révéler la présence de l'eau souterraine. Celle-ci émet des radiations captées à travers un bâton fourchu et produit une réaction musculaire dans le bras du sourcier.

Certains d'entre eux pensent que les oscillations d'une baguette ou d'un pendule résultent moins d'une énergie physique que psychique, le fameux « sixième sens » permettant de détecter les énergies telluriques.

D'autres encore, qui poursuivent des investigations dans le domaine tellurique, affirment que les axes, comme les anciens sites sacrés, émettent de puissantes radiations capables d'affecter l'équilibre de l'être humain. Ils soutiennent que les peuples primitifs pratiquaient une radiesthésie naturelle et qu'ils bâtissaient leurs monuments sacrés sur des emplacements chargés de fortes énergies terrestres. Cartes et diagrammes entrent parfois dans la panoplie de ceux qui recherchent des objets perdus ou localisent certaines pathologies dans le corps humain.

Un radiesthésiste transmet la tradition de cet art divinatoire.

Néo-paganisme et Nouvel Âge

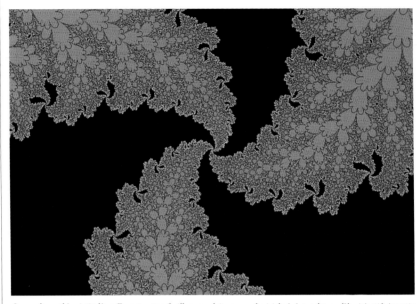

Image de synthèse intitulée « En prenant sa feuille », produite par un logiciel générant des modèles itératifs à partir de points d'origine aléatoires. Ce type de logiciel constitue peut-être l'une des dernières avancées de la science dans sa tentative de reproduire ce qui est généralement considéré comme le principe créateur fondamental de l'univers. Certains néo-païens utilisent ces images comme des mandalas pour soutenir leur méditation.

Au cours des récentes décennies, un nombre croissant d'Occidentaux a pris conscience de l'incompatibilité profonde qui existe entre les bases éthique, politique, économique de leur société, et l'harmonie physique et spirituelle du casmoset de ses habitants. L'un des effets de cette prise de conscience fut l'émergence, dans les années 1960, d'un néo-paganisme fondé sur une idéologie hétéroclite centrée sur le respect de la terre et de ses cycles naturels, et issu du romantisme naturaliste du XIXᵉ siècle qui avait, entre autres, inspiré la résurgence du druidisme (voir page suivante).

Nombreux sont les courants néo-païens qui prennent pour paradigme un âge néolithique idéalisé, durant lequel les hommes auraient vécu en symbiose avec leur milieu naturel. Selon cette conception, lorsque les premiers Indo-Européens migrèrent vers l'ouest, les traditions fondées sur le respect de la terre (personnifiée par la grande déesse-mère) furent supplantées par un culte patriarcal et militariste. Celui-ci s'exprimait au travers d'un panthéon où régnait des dieux célestes et belliqueux.

Dès lors, les autochtones furent, et pour plusieurs millénaires, de plus en plus séparés de la nature. Ainsi peut se résumer la version la plus extrémiste et la plus simpliste de la théorie que nous venons d'exposer.

En quête de cette intimité perdue et de ce « Nouvel Âge » spirituel dont ils annoncent la venue, les néo-païens s'inspirent des traditions chamaniques conservées par quelques peuples, ou encore des anciennes formes culturelles celtes. Le mouvement néo-païen le plus important, connu sous le nom d'« Église de tous les mondes », est fondé sur la vénération d'une déesse-mère, tandis qu'un autre groupe de moindre importance, nommé Feraferia, combine le culte de cette déesse et le polythéisme grec.

Souhaitant mettre en pratique ce que Sri Aurobindo (1872-1950) appelait « la conquête de la vie par le pouvoir de l'esprit », les adeptes occidentaux du maître spirituel hindou fondèrent en 1967 une communauté expérimentale nommée Auroville (ci-dessous) près de Pondichéry, au sud-ouest de l'Inde. Là, ils tentèrent de démontrer qu'il était possible de vivre en harmonie, par-delà les différences culturelles et sociales.

LE DRUIDISME

Faisant office de prêtres et de maîtres, les druides formaient une élite et constituaient, selon Jules César, la plus haute autorité morale et spirituelle des Celtes. Selon des sources irlandaises datant du Vᵉ siècle ap. J.-C., il s'agissait d'« hommes d'art », de religieux spécialisés et itinérants, à l'instar des chamanes. L'usage de lieux de cultes naturels, tels que clairières ou bosquets (« druide » vient du mot grec signifiant « chêne »), fut un des aspects du druidisme qui retint très tôt l'attention des premiers historiens. Situé sur l'île d'Anglesey (pays de Galles), un de leurs grands sanctuaires fut dévasté par les Romains en l'an 61 de notre ère.

Les siècles suivants virent naître des légendes faisant de Stonehenge et autres sites mégalithiques des temples druidiques. Ces sites étaient, en réalité, préceltiques mais l'erreur chronologique fut à l'origine de la « résurrection » des cérémonies druidiques, notamment sous l'influence de l'Ordre des druides, fondé au pays de Galles, à la fin du XIXᵉ siècle. D'autres mouvements ont tenté de raviver une forme plus exacte de la religion celtique.

Détail architectural d'Auroville, en Inde (voir ci-dessus)

Les jardins de l'esprit

Parc européen vaguement inspiré d'un jardin moghol des Indes :
l'auto-glorification et l'exotisme s'entremêlent fréquemment dans les grands parcs occidentaux.

Il y a plus de deux mille ans, le roi de Perse Darius le Grand voulut contenir le paysage désertique par un jardin débordant de fontaines jaillissantes, d'arbres, de fleurs, de fruits, d'oiseaux exotiques et d'animaux. Il créa ainsi un paradis sur terre, un lieu d'ordre et de tranquillité arraché à la nature hostile. Les jardins persans furent détruits dans la foulée de la conquête arabe et de l'expansion de l'Islam, mais la vision du monde qui avait présidé à leur création survécut à travers les miniatures peintes et les tapis tissés, influençant ainsi l'architecture ultérieure des jardins sacrés.

Selon Marco Polo, qui traversa la région à la fin du XIIe siècle, Istawich, qui commandait la forteresse d'Alamout, possédait un jardin semblable à celui que le Coran décrit comme la demeure des bienheureux : le vin, le lait, le miel et l'eau coulaient à flots, conformément à la vision coranique des quatre rivières du Paradis, et des *houris* (épouses purifiées) aux yeux sombres prodiguaient leurs soins aux croyants pendant l'éternité.

Les labyrinthes de verdure sont associés à la quête spirituelle d'une réalisation de soi.

Issu de la dynastie des Han, l'empereur Wu aurait créé un jardin lacustre dont les îles étaient semblables aux îles Mystiques, demeure des Immortels. Ce modèle connut une grande influence en Chine et au Japon. Les jardins dessinés dans ce dernier pays traduisaient le profond respect de la nature enraciné dans le shinto, dont les esprits divins – ou Kami – étaient censés tout peupler, tout imprégner. Les premiers temples qui leur furent dédiés

Les jeux d'eau agrémentaient les jardins de l'Islam symbolisaient à la fois le luxe (dans un univers marqué par le désert) et un rafraîchissement d'ordre spirituel.

FINDHORN

Le jardin créé dans le sable et le gravier d'un parc à caravanes à Findhorn Bay, sur le Moray Firth, en Écosse, est l'œuvre d'un petit groupe de personnes qui cherchaient, au début des années 1960, à remédier à la modicité de leurs revenus. Parmi eux, une certaine Dorothy Maclean affirma bientôt avoir établi le contact avec des esprits de la nature ou *devas*.

Le *deva* du pois, son premier contact, lui aurait annoncé la prospérité du jardin à condition que le groupe écoutât les esprits des plantes et suivît leurs conseils. Quelques années d'efforts permirent la production de choux pesant 18 kg et de digitales dépassant 2,5 m de haut.

Les visiteurs affluèrent de toute la Grande-Bretagne, puis du monde entier. Beaucoup d'entre eux étaient convaincus que la nature et la qualité des récoltes prouvaient l'existence des esprits de la nature.

Au cours des années 1970, le jeune mouvement « Nouvel Âge » trouva une puissante inspiration à Findhorn.

étaient de simples clairières en forêt, comportant chacune un arbre sacré, clôturées et tapissés de graviers blancs qui formait ainsi un quadrilatère dégagé de toute souillure. Au fil du temps, l'architecture évolua et ces temples s'élevèrent au cœur de jardins, avec, pour fonction, de représenter le paysage idéal. Dans ce même  esprit cher à la culture nippone, les jardins secs – ou *karesansui* – des moines zen sont conçus comme des lieux de retraite et de méditation. Structurés autour de quelques rochers soigneusement sélectionnés et disposés, ils constituent en eux-mêmes une méditation en exprimant l'essence d'une nature miniaturisée. La disposition des rochers sur le sable ratissé ou le gravier, dont les ondulations suggèrent la présence de l'eau (voir page 33), en est une caractéristique. Le ratissage du sable en motifs précis constitue pour les moines une forme d'exercice spirituel.

En Occident, l'idée d'un refuge spirituel, où la vérité profonde qui palpite au cœur de la nature devient perceptible, est à l'origine de la création de nombreux jardins. Les eaux ruisselantes et la sombre végétation des grottes édifiées par les Romains étaient considérées comme la demeure des

A Flower From Every Meadow : *peinture indienne représentant un jardin utilisé à des fins rituelles*

nymphes, elles-mêmes qualifiées d'esprits de la nature. L'Europe médiévale éprouvant cependant une méfiance à l'égard de la nature non domestiquée, les jardins, murés comme des cloîtres et débordants de plantes médicinales – lilas, roses et autres fleurs à connotation spirituelle – adoptaient des formes géométriques. L'histoire ultérieure des jardins occidentaux vit la confrontation passionnée des théories opposant recherche d'un « style », goût du décor « naturel » et adaptation au *genius loci* (« l'esprit du lieu »).

La terre et les cieux

Les premiers astronomes de l'Histoire étaient mésopotamiens.

Dans l'Ancien Monde, certains d'entre eux ont pu être motivés par la curiosité intellectuelle ou religieuse. Cependant, des ouvrages anciens et des représentations aztèques ou mayas révèlent que, dans le Nouveau Monde, la connaissance de la voûte céleste et des systèmes de calendriers complexes et précis conférait à la caste sacerdotale un statut sacral lui permettant d'étendre son pouvoir et de contrôler le corps social.

Astrologie et astronomie divorcèrent lors de la révolution scientifique européenne du XVIIᵉ siècle. La première traitait de l'influence directe des étoiles et des planètes sur les événements terrestres, la seconde s'appuyait sur des données empiriques. Jusqu'alors, cependant, la divination par les astres faisait

Un astronome-astrologue. Les deux fonctions étaient rarement dissociées à cette époque (environ 1500).

Bâtie par le peuple préinca des Aymaras (1000-1476), non loin du lac Titicaca (Bolivie), cette structure circulaire semble représenter un observatoire sacré, réservé aux prêtres du dieu Soleil.

Dessins rupestres précolombiens près de Santa-Fé (Nouveau-Mexique), représentant des totems d'esprits et le Grand Chien (Sirius)

partie intégrante de l'étude du cosmos et des cieux.

La découverte de nombreuses tablettes d'argile montre que les Babyloniens et les autres peuples de Mésopotamie accordaient une grande importance à l'interprétation des présages. Les formes produites par du plomb fondu puis répandu dans l'eau ou la configuration des veines du foie d'un animal sacrifié étaient supposées révéler l'avenir et indiquer la meilleure conduite à adopter. Les mouvements planétaires foisonnaient, eux aussi, d'enseignements sur l'art de se comporter dans la vie et dans la société.

Ceinture de douze constellations entourant la terre et où se situe le mouvement apparent du soleil au cours d'une année, le zodiaque paraît avoir été identifié par les Babyloniens. Il servit de base aux astrologies hindoue et européenne. Cependant, c'est le système grec, système bimillénaire, qui est à l'origine de l'astrologie occidentale moderne (le mot « zodiaque » lui-même vient du grec *zodiakos kyklos* : « cercle d'animaux »).

Les savants babyloniens et grecs calculaient d'une manière relativement précise le cycle de 18,6 ans réglant approximativement le retour à l'identique des éclipses. Mais c'est un Grec qui, au Ve siècle av. J.-C., détermina pour la première fois les coordonnées des solstices et des équinoxes, posant ainsi les bases d'un calendrier solaire précis.

La possibilité de repérer les planètes sur la sphère céleste (c'est-à-dire par rapport aux coordonnées solsticiales et équinoxiales) constitua un grand pas en avant qui libéra les savants du recours, jusqu'alors obligatoire, aux quatre points cardinaux indiqués par le compas et associés au zénith (point de la sphère céleste placé à la verticale au-dessus de l'observateur) et au nadir (point à la

LES OBSERVATEURS D'ÉTOILES NAVAJOS

Les Navajos malades demandent parfois à un observateur d'étoiles de pratiquer un rituel de guérison. Ce dernier recherche la cause de la maladie auprès du Peuple Saint, composé d'êtres surnaturels habitant les cieux. Ensuite, il s'adresse au patient, à sa famille et à ses amis, puis se met à chanter et prier dans le hogan (maison) du malade. Réalisant une peinture sur sable, au moyen de poudres blanches, bleues, jaunes et noires, il dessine soigneusement une étoile sacrée ainsi que les traits caractéristiques du sol.

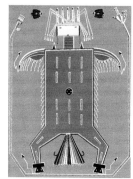

Représenté dans cette peinture sur sable Navajo, l'Esprit du Tonnerre est censé provoquer la « pluie mâle », ou pluie accompagnée de tonnerre.

Arrivé à un certain stade du rituel, il sort du hogan et s'enfonce dans l'obscurité en portant un cristal de quartz. Dans la solitude, il psalmodie et invoque un être sacré, tel que le lézard Gila, ou un esprit d'étoile. Puis il élève son cristal vers le ciel et le scrute intensément à la recherche d'une étoile brillante. Lorsqu'il voit jaillir des éclats lumineux, l'observateur d'étoiles a une vision de la cause de la maladie, sous forme d'animal, d'homme ou encore de lumières aux couleurs particulières. Il se sert de cette inspiration venue du Peuple Saint pour ordonner les rituels et les potions appropriés.

verticale opposé au zénith), comme cadre de base de l'observation.

En raison de la rotation de l'axe de la terre au cours des millénaires, les signes du zodiaque ne correspondent plus aux constellations d'où leurs noms sont tirés, et l'écart qui en résulte entraîna de nombreux malentendus.

L'astrologie, qui indique le « signe natal » et le degré du zodiaque montant à l'horizon à l'heure de la naissance, reste la forme la plus populaire de divination en Occident. Bouleversant la théorie du géocentrisme selon laquelle le soleil tournait autour de la terre, considérée comme le centre de l'univers, la révolution scientifique marqua une étape essentielle dans la distinction entre astronomie et astrologie.

La théologie parvint à intégrer les données de cette nouvelle et bouleversante cosmologie qui révélait aux hommes – Newton compris – que Dieu avait créé les cieux et la terre selon des principes infiniment plus complexes qu'on ne l'avait imaginé jusqu'alors. Largement fondée sur le géocentrisme, l'astrologie trouva dans ce contexte moins de défenseurs : en Angleterre, un des membres fondateurs de la Société Royale (fondée en 1662) la dénonça comme une « disgrâce de la raison » et, plus avant dans le même siècle, le gouvernement censura les publications qui en traitaient, tant pour des motifs politiques que scientifiques.

Détail des Très Riches Heures du duc de Berry *(XVᵉ siècle). Les livres d'heures associaient informations astronomiques et liturgiques.*

LE FIRMAMENT SUD-AMÉRICAIN

Pour les Incas, comme pour d'autres peuples sud-américains, les phénomènes astronomiques foisonnaient de significations spirituelles. La représentation de grandes déités comme Inti (le dieu Soleil) et Mama Kilya (la déesse Lune), en constitue un reflet partiel. La Voie lactée avait également une importance, et les étoiles elles-mêmes étaient considérées comme des déités mineures.

Connues sous le nom de Collca (le « grenier »), les Pléiades jouaient un rôle de premier plan en tant que gardiennes célestes de l'agriculture et de la fertilité. La constellation connue sous le nom de Orqo-Cilay était censée veiller sur les troupeaux de lamas royaux.

La notion de *ceques* ou « lignes droites » était centrale dans la religion inca. Une série de *huacas* (sites sacrés) jalonnait chacun de ces axes rectilignes qui rayonnaient depuis le temple du Soleil, situé à Cuzco, la capitale. De la place centrale de Cuzco, on pouvait observer le soleil se couchant entre deux piliers dressés sur un sommet situé à l'occident, chaque 26 avril. Ces piliers étaient eux-mêmes considérés comme un *huaca*. Le *ceque* sur lequel ils étaient situés s'alignait (au-delà de l'horizon) sur une source sacrée nommée Catachillay, autre nom donné aux Pléiades, lesquelles pouvaient être observées du même lieu et plus tôt dans le mois.

Les Incas attachaient de l'importance à certaines constellations « sombres », faites de poussières stellaires denses. Parmi elles, le Lama céleste qui, en disparaissant à minuit, était supposé boire l'eau de la Terre afin de prévenir les inondations.

La nuit étoilée, de Vincent van Gogh (1899). À cette époque, l'artiste écrivit, énigmatiquement, que la vie était probablement « sphérique et beaucoup plus étendue que l'hémisphère que nous connaissons à présent ».

Chronologie

L'intervalle séparant l'époque de l'apparition de l'homme moderne, il y a environ 100 000 ans, et la nôtre représente une fraction infime de l'âge de la Terre. Au cours de cette durée, l'homme a profondément modifié la planète qu'il habite : dans la seule période couvrant les dix derniers millénaires, l'agriculture et les villes ont transformé le paysage. La chronologie ci-dessous indique les principales civilisations.

CULTURES ET SITES : PROCHE-ORIENT, ASIE, AFRIQUE ET OCÉANIE

Début de la révolution néolithique : production de nourriture

Irrigations en Mésopotamie

Premier art pariétal connu à Panaramitee, Australie

NÉOLITHIQU
PROCHE-ORIEI

| 50 000 | 40 000 | 30 000 | 20 000 | 10 000 | 9 000 | 8 000 | 7 000 | 6 000 | 5 000 |

ÉOLITHIQUE MOYEN
EUROPE

PALÉOLITHIQUE SUPÉRIEUR
EUROPE

DOMESTICA

Plus grande invasion glaciaire en Europe de l'ouest

Traces de chasseurs-cueilleurs trouvées en Amérique du Nord et Amérique du Sud

CULTURES ET SITES : EUROPE, AMÉRIQUE DU NORD ET AMÉRIQUE DU SUD

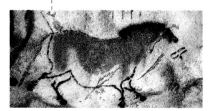

Les peintures rupestres de Lascaux, dans le sud-ouest de la France, datent d'environ 15 000 av. J.-C. (voir pages 98 et 99).

La grande pyramide de Gizeh, en Égypte, date d'environ 2500 av. J.-C. (voir pages 128 à 131).

Le Dôme du Rocher, à Jérusalem, fut édifié entre 685 et 691 ap. J.-C. (voir pages 24 et 25).

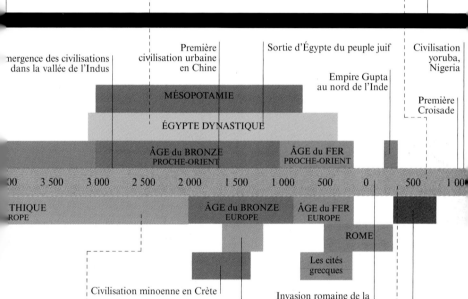

Émergence des civilisations dans la vallée de l'Indus

Première civilisation urbaine en Chine

Sortie d'Égypte du peuple juif

Civilisation yoruba, Nigeria

Empire Gupta au nord de l'Inde

Première Croisade

MÉSOPOTAMIE

ÉGYPTE DYNASTIQUE

ÂGE du BRONZE
PROCHE-ORIENT

ÂGE du FER
PROCHE-ORIENT

| ..00 | 3 500 | 3 000 | 2 500 | 2 000 | 1 500 | 1 000 | 500 | 0 | 500 | 1 00.. |

...THIQUE
...ROPE

ÂGE du BRONZE
EUROPE

ÂGE du FER
EUROPE

ROME

Les cités grecques

Civilisation minoenne en Crète

Civilisation mycénienne en Grèce

Invasion romaine de la Grande-Bretagne

Civilisation Maya méso-américaine

À GAUCHE : *Stonehenge, en Angleterre, date d'environ 2500 av. J.-C. (voir pages 122 et 123)*

À DROITE : *Les lignes de Nazca (Pérou), tracées entre l'an 1 et 650 ap. J.-C. (voir pages 108 et 109)*

Les phénomènes naturels

Tremblements de terre et raz de marée 1

Les tremblements de terre inspirent la terreur en raison de l'étendue des ravages qu'ils provoquent : un paysage inchangé de mémoire d'hommes peut se trouver bouleversé de fond en comble, recomposé ou strié de failles.

Frappant soudainement avec une extrême violence, les séismes passent souvent pour l'expression surnaturelle d'une colère divine. Ainsi les Japonais, dont le pays connaît une forte activité sismique, ont-ils l'habitude de considérer les secousses et les ébranlements comme les manifestations du dieu de l'orage Susano. Les Grecs anciens, dont le pays était (et demeure) également soumis à de fréquents tremblements de terre, y voyaient l'œuvre du frère de Zeus, Poséidon, dieu de la mer et de l'orage, qu'ils surnommaient parfois Enosicthon, « celui qui secoue la terre ».

Le plus célèbre tremblement de terre rapporté dans l a mythologie classique provoqua la destruction de la civilisation de l'Atlantide, grand continent que Platon (environ 427-347 av. J.-C.)

situait très à l'ouest du détroit de Gibraltar et datait de 9 000 ans avant son époque. Cette civilisation, dont les chefs étaient d'ascendance divine, prospéra durant des siècles puis tomba dans une décadence morale, et devint agressive et belliqueuse. Les armées de l'Atlantide, affirmait Platon, « s'avancèrent loin hors de l'océan Atlantique » et conquièrent une grande partie de l'Europe, de l'Afrique du Nord et de l'Asie. Mais à ce moment « survinrent de nombreux tremblements de terre et inondations » qui rasèrent l'Atlantide « en un jour et une nuit de désastre ».

Les théories ayant tenté d'une manière ou d'une autre, de donner une réalité physique à l'Atlantide, sont nombreuses et pour la plupart fantaisistes. Il semble en définitive plus opportun d'insérer cette légende dans une série de mythes communs à bien des peuples, qui tendent à relater l'essor, l'apogée et le déclin d'un monde ou d'une race. Face à la décadence des hommes, la colère des dieux éclate de façon spectaculaire,

et la corruption est balayée par un cataclysme d'origine surnaturelle. Les tremblements de terre et autres phénomènes naturels tels que les inondations sont souvent, dans le cours de ces récits, des instruments du juste châtiment céleste.

Fracture béante dans l'écorce terrestre située au point de subduction des plaques tectoniques pacifique et nord-américaine, la faille de San Andréas (ci-contre) marque une zone de fréquentes perturbations sismiques. Elle s'étend sur plus de 800 km en bordure occidentale de la Californie. La photo ci-contre montre l'endroit où elle coupe la plaine de Carrizo, à 432 km au sud de San Francisco, ville qui a subi plusieurs séismes de très grande ampleur, notamment en 1906 (voir ci-dessus et page 162).

Tremblements de terre et raz de marée 2

Comme les présages, les tremblements de terre indiquent aussi une transformation ponctuelle de nature politique ou religieuse. Le Nouveau Testament rapporte que « le voile du Temple se déchira... et que la terre trembla », au moment où le Christ mourut sur la croix (Matthieu, 27).

Pas plus tard qu'en 1819, les paysans du Rann de Kutch, zone côtière marécageuse et salée située à la frontière indo-pakistanaise, appelèrent Allah Bund (le fossé de Dieu) la faille de 3 m apparue à la suite d'un violent séisme.

L'écorce terrestre est le siège de transformations permanentes causées par les mouvements lents mais constants de « plaques tectoniques ». Émise pour la première fois en 1912 par le géophysicien allemand Alfred Wegener (1880-1930), la théorie de la « dérive des continents » envisageait un seul et immense « supercontinent » originel, Pangée (bloc uni de tous les continents). Celui-ci, en 200 millions d'années, se fragmenta d'abord en deux ensembles, un continent nord, Laurasia, et un continent sud,

L'Amérique du Sud et l'Afrique s'écartent d'environ 5 cm par an, alors que l'océan Pacifique gagne 1 cm au cours de la même période.

Les éruptions volcaniques se produisent le long des zones de fractures, où les brusques déplacements de deux plaques adjacentes le long d'une faille de coulissage constituent des facteurs déclenchants de séismes. Si la plupart de ceux-ci ne sont pas décelables par observation directe, d'autres causent des dévastations de grande ampleur :

Les tremblements de terre sont brefs et inattendus : celui qui dévasta San Francisco en 1906 (ci-dessus) dura tout juste 75 secondes et causa beaucoup de victimes qui, endormies, furent surprises dans leur sommeil.

La secousse qui frappa Los Angeles en 1971 détruisit de nombreuses voies de communication.

Fondamentalement, et hors de toutes considérations religieuses, les tremblements de terre invitent à réfléchir au vrai rapport existant entre la vie humaine et celle de la planète, et rappellent à l'homme l'infime durée de son histoire en regard du temps géophysique. Ils incitent également à méditer sur les risques, la précarité et la valeur de la vie.

Gondwana, en suivant les grandes lignes de faille géologiques (zones de moindre résistance de l a croûte terrestre). En divergeant et en s'étendant, celles-ci créent des rifts (failles) océaniques ; en convergeant et en se compressant, elles forment des « plis » montagneux soulevés par la pression antagoniste des plaques.

destruction d'habitations, avalanches, détournement de fleuves, apparitions de crevasses et de failles à la surface du globe.

L'un des séismes les plus importants de l'histoire survint en 1964, entre Valdez et Anchorage. Les plaques convergentes pacifique et nord-américaine étaient, depuis quelques années, comprimées dans une zone située à plus de 20 km au sud du détroit du Prince-Guillaume. La colossale pression accumulée autour de la zone de frottement se libéra le 27 mars, en dégageant une puissance équivalente à l'explosion de 200 000 mégatonnes de TNT. Les vagues déferlantes atteignirent une vitesse de plus de 22 400 km/h.

À Valdez, les quais furent engloutis et l'eau du port se retira ; de la boue, des débris et des hommes furent

Sans la réglementation parasismique en vigueur depuis 1906, la secousse de San Francisco en 1989 aurait pu entraîner plus de dégâts.

aspirés par un tourbillon formé lorsque l'eau, en se retirant, entraîna avec elle un entrepôt tout entier. Le séisme ravagea une large zone habitée à l'intérieur des terres. Un des côtés de l'artère principale d'Anchorage s'effondra ; les vibrations firent remonter des couches

d'argile profondes d'un terrain où s'élevait un quartier résidentiel, créant dans la ville un paysage de blocs de terre tourneboulés et de maisons effondrées qui glissaient doucement vers la mer. Les dégâts causés à l'environnement étaient considérables. On vit deux enfants en fuite happés dans une fissure profonde qui s'ouvrit devant une maison, et deux personnes ne durent la vie qu'au fait de se tenir sur une butte de terre qui fut projetée à une hauteur de neuf mètres, tandis que le secteur voisin s'effondrait.

Les lames de fond provoquées par le séisme se propagèrent en mer et déclenchèrent un raz de marée, ou *tsunami*, qui frappa les côtes jusqu'à la ville californienne de Crescent City où sept personnes trouvèrent la mort.

Il arrive qu'un bateau situé non loin de l'épicentre d'un séisme ne subisse qu'un sévère « coup de torchon », car les plus fortes lames de fond ne se propagent que dans les profondeurs. Celles-ci offrant peu de résistance, les lames se déplacent sur des milliers de kilomètres sans perdre de leur puissance (les séismes sud-américains sont ainsi ressentis en Nouvelle-Zélande, au Japon et à Hawaii).

À l'approche des côtes, la vitesse de l'onde diminue à mesure que les fonds remontent, mais le formidable élan de ces lames produit un immenses mur d'eau : la vague d'un *tsunami* qui frappa les côtes du Japon en 1993, s'éleva à presque 30 m ; celui qui frappa la péninsule sibérienne du Kamchatka, en 1737, atteignit une hauteur de 70 m.

Les éruptions volcaniques peuvent engendrer des tremblements de terre aussi bien que des *tsunamis*. Lors de l'éruption de l'île

Bateau à vapeur pris dans une lame de fond aux Indes occidentales (Antilles) en 1867.

de Krakatoa, située dans en Indonésie, entre Sumatra et Java, au mois d'août 1883, l'explosion fut entendue à plus de 4 000 km, et le *tsunami* déclenché atteignit la hauteur fantastique de 35 m. Il dévasta entièrement les îles basses et les communautés côtières bordant le détroit de la Sonde, dont un village situé à 16 km à l'intérieur des terres.

Le tonnerre et la foudre

Associer les orages à de puissantes divinités mâles et guerrières est une pratique répandue. Les Yoruba d'Afrique de l'Ouest disent que le grand dieu tonnerre Shango est le plus puissant de leurs rois-guerriers. Au Rwanda voisin, Nkuba – la foudre – est le seigneur suprême du ciel. Selon un mythe hindou, le tonnerre et la foudre sont les armes du dieu guerrier Indra, chef du panthéon védique (aryen) et connu sous le nom de Vajri (Maître de la foudre) ; les textes sacrés du *Rig Veda* narrent la manière dont il tua

les Cyclopes. La mythologie païenne germanique fait des orages et autres phénomènes analogues, le siège de la puissante divinité ouranienne Donar (Tonnerre), Thunor chez les Anglo-Saxons et Thor en Scandinavie. Au cours de ses combats célestes contre les dragons et les géants, Thor maniait un marteau dont les coups déclenchaient le tonnerre et la foudre, également symbolisée par sa barbe rouge. Ce dieu était donné comme équivalent de Jupiter tonnant ou Jove, qui légua son nom au « jeudi » (en latin *Jovis dies*, le

ses ailes. À l'image des autres divinités associées au tonnerre, l'animal est féroce mais peut aussi protéger les hommes contre les forces maléfiques : de même que Thor passe pour avoir combattu des géants malveillants, de même les orages sont censés être une manifestation des combats menés par l'Oiseau-Tonnerre contre des entités infernales, aux yeux de certains indigènes d'Amérique du Nord.

Les scientifiques occidentaux commencèrent à comprendre le phénomène de l'orage au cours du XVIIIe siècle. Indépendamment

Avant un orage, les cumulus s'assombrissent proportionnellement à la croissance de l'humidité.

Le différence de potentiel électrique entre les nuages et le sol produit des décharges visibles sous forme d'éclairs, et audibles sous forme de tonnerre. La lumière se déplaçant plus vite que le son, l'éclair précède toujours le tonnerre.

le dragon Vritra à coups de tonnerre.

Dieu suprême du panthéon gréco-romain, Zeus (Jupiter) disposait d'armes semblables, fabriquées par les Cyclopes dans les forges souterraines du dieu Hephaistos (Vulcain). Selon la mythologie, Zeus utilisa la foudre pour tuer le demi-dieu guérisseur Asclepios qui avait ressuscité un mort. Apollon se vengea en

jour de Jove).

Les mythes indigènes nord-américains représentent souvent le tonnerre et la foudre sous forme d'un grand oiseau, l'Oiseau-Tonnerre, ressemblant à un aigle géant (dans les régions côtières du Nord-Ouest, on le dit capable d'emporter les baleines). La foudre naît de l'éclat de ses yeux, et le tonnerre, du battement de

l'un de l'autre, Benjamin Franklin aux États-Unis et M. d'Alibard en France produisirent des orages en miniature et démontrèrent que le tonnerre et la foudre étaient des phénomènes électriques.

Les courants verticaux d'air chaud et humide, qui se développent dans les nuages chargés de pluie, atteignent des vitesses allant jusqu'à 128 km/h, se condensent en altitude, gèlent et retombent sous forme de grêle, qui se transforme en pluie dans les couches basses des nuages. Lorsque les vents dominants deviennent plus forts, pluie ou grêle sont à nouveau violemment aspirés, gèlent et tombent en grêlons pouvant atteindre 7,5 cm de diamètre et 96 km/h. Ces courants produisent des charges électriques statiques qui s'accumulent dans les masses nuageuses. Ces charges pouvant être de sens contraire, il se crée une différence de

Éclair provoqué par une trombe accompagnant une tornade, près de Lake Okeechobee, en Floride.

potentiel électrique au sein du nuage, entre les nuages ou entre ceux-ci et le sol. Lorsque cette différence atteint une valeur suffisante, l'air devient conducteur et laisse passer une décharge électrique qui se manifeste sous forme d'éclair et de tonnerre.

Si l'auteur romain Lucrèce (55 av. J.-C.), pensait que le tonnerre était dû au choc des nuages, on sait aujourd'hui qu'il est le résultat d'une soudaine et massive expansion d'air, échauffée par la décharge électrique de l'éclair.

Un éclair peut mesurer plusieurs milliers de mètres. On en distingue habituellement deux types : l'éclair en arbre et l'éclair diffus. Ce dernier résulte de la réflexion sur un nuage d'un éclair en arbre masqué à la vue de l'observateur par un autre nuage. L'œil humain ne parvient à distinguer qu'une seule fulguration, mais les photographies ont permis de constater qu'un éclair consistait en une série de décharges ascendantes et descendantes, très rapides, espacées de quelques millièmes de secondes. L'éclair accompagne habituellement le tonnerre, mais il peut également survenir lors de tempêtes de neige ou de sable, de tornades et de trombes. On en a même signalé par temps clair : on les appelle alors éclairs de chaleur.

Cendre, ponce et autres scories projetées lors des éruptions volcaniques génèrent également assez d'énergie électrique pour provoquer des éclairs. Lors des éruptions sous-marines qui donnèrent naissance à l'île de Surtsey au sud de l'Islande, en 1963, les violentes explosions projetèrent d'épais nuages de cendres à 320 km/h. Ces explosions furent zébrées par de courts éclairs.

La foudre se manifeste aussi sous forme de boules, de couleur rouge, orange ou jaune, qui paraissent un cours instant en suspension dans le ciel, avant de se décrocher des nuages ou de rebondir au contact du sol. Elles s'accompagnent en général de bruits ou d'odeurs particuliers. Une telle boule rouge passe pour avoir frappé une maison anglaise en 1936, avant de couper le fil téléphonique, puis de brûler le chambranle d'une fenêtre, pour finir sa course dans un bol dont elle mit l'eau en ébullition.

Les éclairs diffusés, voilés ou reflétés par les nuages, ressemblent à des « nappes ».

Selon certaines hypothèses, il existerait un rapport entre les emplacements de certaines enceintes préhistoriques, en Grande-Bretagne ou ailleurs, et l'apparition de ce type d'éclairs, notamment à Avebury (voir pages 120 et 121). En pareils sites, les causes topographiques, géologiques et géomagnétiques locales ne sont pas à exclure.

Ouragans et inondations

De toutes les calamités naturelles, ouragans et inondations sont les plus communes ; elles figurent en première place dans la mythologie populaire universelle.

Le mot « ouragan » provient de la mythologie méso-américaine selon laquelle le nom de dieu maya de l'orage Quiché fut adopté par les Espagnols pour exprimer une « grosse tempête » et passa ensuite dans de nombreuses langues européennes (en anglais, *hurricane* ; en français, ouragan ; en allemand,

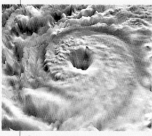

Image agrandie par ordinateur d'un ouragan passant au large du golfe du Mexique en 1980 : l'« œil » est clairement visible.

Orkan, etc.). Les dieux de l'orage, comme le grec Poséidon et le japonais Susano personnifient toujours une grande puissance, synonyme de désordre et de bouleversement. Dispensateurs de la pluie, ils sont aussi les pourvoyeurs de la fertilité : l'ancien dieu cananéen de l'orage, Baal, illustre bien ce double rôle.

L'inondation prend parfois, dans les mythes, l'allure d'un désastre cosmique anéantissant l'espèce humaine qu'une divinité choisit de punir pour ses dépravations. La tradition judéo-chrétienne en fournit l'exemple le plus connu à travers l'histoire biblique de Noé. Le récit de la Genèse s'inspire sans doute d'anciens mythes du déluge nés en Mésopotamie, région fortement soumise à ce type de catastrophe et où se rencontrent les fleuves Tigre et Euphrate. Le parallélisme des récits est, en effet, troublant : l'inondation, causée par des orages, résulte d'un décret divin qui châtie l'humanité pécheresse, mais un homme – Noé, dans les textes hébreux, Atrahasis (voir page 15), Utnapishtim et Ziusudra dans les trois versions antérieures du récit – survit au cataclysme en construisant un bateau et, après la descente des eaux, repeuple la terre.

Les récits moyen-orientaux ont eu une influence sur le mythe grec de Deucalion, fils de Prométhée et de sa femme Pyrrha, qui furent les seuls survivants d'un déluge cosmique ordonné par Zeus. Le rapprochement est même possible avec le mythe hindou de Manu, le premier homme, qui fut averti par un grand poisson de l'arrivée imminente d'un cataclysme d'orages et d'inondations, et qui survécut,

lui aussi, en construisant un bateau. Les mythes de ce type sont particulièrement fréquents partout où existe une propension aux inondations. Ainsi, un récit mythologique de Chine méridionale rapporte la façon dont deux enfants, un frère et une sœur, survécurent à une inondation causée par le dieu Tonnerre en se laissant flotter dans un grand tonneau, puis se marièrent et repeuplèrent la terre.

L'idée d'un monde nouveau surgissant sur les ruines d'un précédent, englouti par les eaux,

Automobilistes tachant d'éviter les pylônes électriques frappés par l'ouragan Alice, qui toucha le Texas en 1983.

n'est pas propre à l'Ancien Monde : selon le mythe aztèque des Cinq Soleils (ou « mondes »), le deuxième soleil s'acheva lorsque Quetzalcoatl, la déité qui y présidait, fut emporté par un ouragan. L'actuel cinquième soleil naquit à la suite de l'anéantissement sous les eaux du quatrième,

et de la métamorphose
des hommes en poissons.

La montée des eaux
est, dans certaines cultures,
la conséquence de l'inconduite
d'un individu. Ainsi, pour
le peuple Chewong de
Malaisie, les inondations
désastreuses surviennent
lorsqu'un homme fait du
tort à un animal et déclenche
par là même la colère du
serpent originel, maître
des crues demeurant aux
Enfers. La mythologie
aborigène de l'Australie
septentrionale recèle
également de nombreux
récits de création dans

*En Occident, les orages passaient
pour être l'œuvre du diable, que
l'on voit ici sur le clocher d'une
église (gravure sur bois de 1613).*

lesquels un grand serpent,
identifié ou associé
à l'arc-en-ciel, déclenche
orages et pluies diluviennes,
sa colère ayant été provoquée
par une héroïne ou un héros
ancestral. Les eaux ont
pour fonction de balayer
la société et le paysage
anciens ; les mythes de
ce type s'inspirent peut-être
d'événements liés à l'élévation

du niveau des mers à la fin
de la dernière glaciation.

Orages et ouragans
naissent de la circulation
atmosphérique de masses
d'air qui, au contact de
la terre réchauffée par
le soleil, provoquent des
turbulences par l'ascension
d'air chaud traversant l'air
froid descendant.

Les vents les plus puissants
tourbillonnent et dégénèrent
en cyclones. Ceux-ci peuvent
surgir en n'importe quel
point du globe, mais sont
particulièrement forts dans
les régions tropicales, en fin
d'été ou d'automne, lorsque
les hautes pressions, chaudes
et humides, rencontrent
les basses pressions froides
venant du nord ou du sud.
Plus basse est la pression,
plus violents sont les vents
qui s'enroulent autour
d'un centre dépressionnaire,
calme et sans nuages, connu
sous le nom d'« œil », lui-
même entouré d'une paroi
cylindrique appelé « mur de
l'œil ». La « force de Coriolis »
(force créée par la rotation de
la terre) fait que les vents
d'un cyclone tourbillonnent
dans le sens contraire
des aiguilles d'une montre
dans l'hémisphère Nord
et dans le sens inverse
dans l'hémisphère Sud.

La combinaison du vent
violent et de l'extrême
humidité crée des formations
nuageuses denses et chargées
de pluie, ainsi que des
précipitations caractéristiques
des systèmes cycloniques.

Ce phénomène
météorologique prend des
noms divers selon les zones
géographiques où on le
rencontre : dans les Caraïbes,
et le golfe du Mexique, on
le dénomme « ouragan » ;
dans l'océan Indien,
« cyclone » et dans la mer
de Chine et le Pacifique ouest,
« typhon ».

Les cyclones peuvent
atteindre une largeur de
1 920 km et souffler à plus
de 160 km/h. Les rafales
peuvent dépasser la vitesse
de 320 km/h dans les cas
les plus violents (voir
pages 168 et 169).

Au passage de l'œil,
dont le diamètre avoisine
généralement 30 à 40 km,
vents et pluies cessent
temporairement pour
reprendre avec une force
égale lorsque survient la
deuxième paroi du cylindre.

Ouvert sur la baie du
Bengale, le Bangladesh
est un pays particulièrement
exposé, comme la plupart
de ceux dont l'altitude
n'atteint pas plus de 16 m
au-dessus du niveau de
la mer.

Les 12 et 13 novembre 1970,
un cyclone particulièrement
dévastateur déferla sur
ce pays. Des vents atteignant
240 km/h provoquèrent,
en balayant la surface
de la mer, un raz de marée
dont les vagues dépassèrent
une hauteur de 7 m.
Le delta du Gange fut
entièrement submergé
et l'on déplora au moins
300 000 morts.

Tornades, trombes, courants tourbillonnaires

Entonnoir resserré et tourbillonnant, chargé d'eau et de vent, le vortex est un des phénomènes météorologiques les plus impressionnants.

Les grandes masses d'eau qu'il soulève se transforment en courants tourbillonnaires au contact de l'élément marin, et les gigantesques remous ou maelström (du hollandais, courant tourbillonnant) qu'il crée, sont autant de pièges susceptibles d'engloutir les navires.

La mythologie grecque personnifie le phénomène en un monstre féminin nommé

jour, en un tourbillon terrifiant, n'importe quel bateau naviguant dans les parages. Ulysse, pourtant, survécut en s'agrippant aux branches d'un arbre tandis que son esquif disparaissait dans les remous.

Dans plusieurs régions du monde, comme le détroit de Naruto (entre la mer du Japon et le Pacifique), celui des îles Hébrides et des Orcades (Écosse) ou encore celui des îles Lofoten (au nord de la Norvège), les courants tourbillonnaires sont la hantise des marins. Ainsi, le maelström qui se dissimule

notamment lorsqu'il doit contourner un obstacle. Ce mouvement génère une colonne d'air circulaire ascendante qui prend la forme d'un entonnoir.

En se déplaçant, cette trombe d'air aspire boue et détritus, et forme un nuage de poussière dont la hauteur varie entre un mètre et plusieurs centaines de mètres. Le phénomène est fréquent en zone tropicale, pendant les saisons sèches et aux heures les plus chaudes de la journée ; les manifestations vont du tourbillon de poussière relativement anodin,

Les tornades se forment sous les nuées d'orage et se renforcent au contact du sol.

Après une tornade, à Miami (Floride), en 1926. Causant généralement moins de victimes que les ouragans, les tornades n'en sont pas moins, localement, des phénomènes météorologiques très destructeurs.

Charybde, rejeton de Gaïa, déesse de la terre, et de Poséidon, dieu de la mer. Passant pour habiter le détroit de Messine, qui sépare la Sicile et l'Italie continentale, Charybde pouvait engloutir trois fois par

près des Lofoten forme un front large d'environ 8 km qui se déplace entre les îles de Moskenesoya et Mosken.

Les vortex ascendants résultent de la force de Coriolis (voir page 167) ; ils naissent selon un processus identique à celui des plus fortes tempêtes et des ouragans. Réchauffé à la surface du sol, l'air s'élève et tournoie en spirale,

à la grande tornade dévastatrice. La température élevée du sol en favorise l'apparition.

La tornade (de l'espagnol *tornado*, orage), se forme sous un nuage orageux et dans les régions où une forte humidité se combine à des courants d'air chaud et froid. Un étroit cordon d'air ascendant s'établit entre la surface chaude du sol et le nuage, dont la température peut être de 0 °C. La « force de Coriolis » dévie et fait tourner sur lui-même ce courant ascendant qui prend la forme caractéristique d'un entonnoir. Le contact entre un tourbillon de vent et un cumulus est également générateur de tornade.

Le printemps est, dans l'ensemble de l'hémisphère Nord, le centre et l'ouest des États-Unis, le nord de l'Inde, de l'Indochine et de la Chine surtout, particulièrement favorable à la formation des tornades. L'Angleterre méridionale et la partie

Vu le poids d'eau qu'elles déplacent, les trombes marines sont moins puissantes que les tornades terrestres.

occidentale du continent européen en connaissent également, mais d'ampleur moindre toutefois. Nombre de tornades meurent avant d'atteindre leur pleine puissance et les deux tiers d'entre elles, environ, ne durent pas plus de trois minutes.

Au contact du sol, l'« entonnoir » arrache à peu près tout sur son passage et éparpille les débris emportés par sa base ; sa hauteur varie de 250 à 600 m et sa base s'étire entre 100 et 300 m de diamètre.

Il se déplace en moyenne à 50/70 km/h à peine, mais le courant qu'il renferme atteint au moins 500 km/h et parfois même le mur du son (environ 1 200 km/h). En raison de la faible capacité de résistance des appareils météorologiques, cette vitesse ne peut, toutefois, faire l'objet de mesures précises.

Les témoins décrivent le bruit d'une tornade comme ressemblant à des rugissements d'animaux ou à des grondements de réacteurs. Les rares survivants mettent l'accent sur son aspect de masse tourbillonnante constamment ponctuée d'éclairs. Au centre d'un vortex, la pression est extrêmement basse : la chute de pression subite est d'ailleurs susceptible de faire exploser les bâtiments.

Les trains sont arrachés des rails, et les maisons soulevées comme des fétus de paille avant d'être précipitées au sol. Une tornade peut également aspirer l'eau et les poissons d'une rivière et les rejeter ailleurs.

La plus grande tornade jamais enregistrée frappa le Missouri le 18 mars 1925 et parcourut une distance de 350 km à travers cet état et ceux, voisins, de l'Illinois et de l'Indiana, détruisant des villes entières et tuant 689 personnes. Le nuage parallèle descendait si près du sol que l'« entonnoir » n'était pas visible ; un témoin oculaire put le décrire comme un étrange brouillard roulant vers lui sous une masse nuageuse en ébullition.

Les tornades qui se forment dans les régions montagneuses surviennent lorsque des vortex de faible amplitude grossissent démesurément au contact de masses d'air plus froides survolant les sommets.

À Boulder, dans le Colorado, une tornade hivernale généra une énorme

Un « entonnoir » se déplace entre des pylônes à haute tension dans l'est de St Louis (Illinois), en 1990. Les régions du centre et de l'ouest des États-Unis sont fréquemment touchées en raison du choc des masses d'air chaud provenant du golfe du Mexique et des courants d'air froid soufflant de l'Ouest et des Montagnes Rocheuses.

masse de neige tourbillonnante, large de 30 m environ, et qui fit naître des vents soufflant à la vitesse de 150 km/h.

Postface

Notre-Dame la Terre

Autrefois, les hommes savaient que la Terre était vivante et, mieux encore, ils savaient qu'elle était Vie, cette mystérieuse Vie surgie du fond des âges et qui s'épanouissait au milieu des arbres et des fleurs d'un verger enclos de grands murs. Et ils l'honoraient, la vénéraient, l'adoraient, conscients de tout ce qu'ils devaient à leur créatrice, à leur mère innombrable. Comme une femme qui allaite, la Terre, par ses multiples mamelles, dispensait à ses enfants les sources et les fruits dont ils avaient besoin dans leur immense tentative pour s'élever vers le ciel. Ainsi, pendant des siècles, on chanta pour elle des chants de louange et de reconnaissance. Jamais on ne la blessait, jamais on ne la heurtait, par respect infini pour celle qui, par amour, avait sorti de son ventre les créatures et les nourrissait de cette sève mystérieuse qu'est l'âme du monde.

Mais les hommes savaient aussi que la Terre, comme une mère, détenait la connaissance parfaite des délicates harmonies sans lesquelles le monde ne pourrait exister. La Déesse-Terre ne pouvait se tromper : aussi était-elle devenue « Celle qui doit être obéie, la toute puissante souveraine des êtres et des choses ». Il ne faudrait cependant pas s'y tromper : cette puissance et cette souveraineté n'étaient pas des rapports de force et d'obligation, mais un échange perpétuel entre celle qui donnait et ceux qui recevaient, car ces derniers, par reconnaissance, offraient à la Terre tout ce qu'il y avait de meilleur, et surtout, ils s'efforçaient de suivre avec confiance les itinéraires qu'elle traçait dans le rythme des saisons et des jours.

Arriva le moment où l'homme, peut-être Adam et Ève au jardin d'Éden, ou encore Caïn sur des espaces en friche, eut le désir de secouer ce qu'il ressentait comme un joug, comme une soumission aveugle à un être dont on ne comprend plus le message d'amour. L'homme creusa donc la terre et y déposa des semences. Ce fut un viol, mais surtout un inceste, dont le souvenir, à travers une série de spéculations philosophiques, s'est perpétué dans le mythe d'Œdipe et de Jocaste, si l'on considère que Jocaste n'est autre que la forme rassurante de la Sphynge, image évidente d'une nature sauvage, dangereuse, dévorante. L'homme n'avait plus confiance dans la Terre et, comme il en avait peur, il voulut en faire une esclave : ce n'était plus « Celle qui doit être obéie » mais « Celle qui doit obéir ». Tragique tournant de l'histoire de l'univers – et pourtant si fécond ! – qu'on appelle naissance de l'agriculture…

Un autre mythe témoigne de ce passage, le mythe fondateur de Delphes, quand Apollon tue le serpent Python et prend sa place sur les autels, face à l'adoration des foules. Car la Terre Mère est alors déchue de son rang de déesse au profit d'un dieu céleste tombé des étoiles. La déesse n'est plus qu'un simple médium qui reçoit les messages du dieu, mais ce sont des hommes, les prêtres de l'oracle en l'occurrence, qui les interprètent. La Femme n'est plus *créatrice*, elle est devenue *procréatrice*, ce qui est l'indice non seulement d'un renversement de l'ordre social mais d'une inversion totale de polarité quant à l'appréhension du divin. Le Dieu-Père a refoulé la Déesse-Mère dans les ténèbres de l'inconscient, avec tout ce que cela comporte d'autoritarisme, de violence et de ruptures d'équilibre.

Depuis lors, l'homme, enivré de virilité, avilit et saccage l'héritage maternel, exploitant outrageusement la nature et croyant s'en libérer par des blasphèmes répétés. On comprend alors mieux la thèse gnostique selon laquelle le dieu mâle, quel que soit son nom, a emprisonné la *Pistis Sophia*, et pourquoi celle-ci se lamente, attendant désespérément que ses fils pourtant bien-aimés se révoltent et la délivrent pour redonner sa splendeur au monde. Le Christianisme officiel, en prétendant que l'homme est au centre de l'univers et que tout l'univers est à sa disposition, n'a fait qu'aggraver le déclin de Notre-Dame la Terre. Que sont devenus nos frères les animaux, nos frères les végétaux, nos sœurs les pierres, sinon de la matière, infâme manifestation de l'Esprit ? On a oublié que dans le terme « matière », il y a le mot *mater*, qui signifie simplement « mère ».

Pourtant, l'ombre de la Terre-Mère n'a pas cessé de rôder sur l'humanité, et la Bible témoigne souvent de la lutte entreprise par les zélateurs du Dieu-Père contre les idoles féminines qui surgissaient de temps à autre parmi le peuple élu. Que de déchirements, que d'incompréhensions, que d'usurpations ! Mais lorsqu'à Béthanie, le Christ, qui avait déjà reçu l'onction sacerdotale du Dieu-Père de la main du Baptiste, eut accepté une autre onction, celle de la Déesse-Mère, de la main de Marie de Magdala, grande prêtresse des anciens cultes telluriques, il ne fit pas autre chose que de manifester sa volonté de rétablir l'équilibre rompu, de réconcilier enfin les deux principes fondateurs de l'univers. Mal lui en prit, car Judas – le texte évangélique est très clair sur ce point – le dénonça précisément à cause de ce geste.

Nous en sommes là. À force d'industrie et de technologie, les hommes ont presque tué la Déesse-Terre en la vidant de sa substance sacrée. Mais la Terre se défend. La Terre est malgré tout vivante parce qu'elle est sacrée. Elle se secoue, elle manifeste sa colère, elle rejette les aberrations des hommes, prête à les détruire s'ils persistent dans leur volonté suicidaire. Avons-nous oublié les innombrables témoignages du culte qu'ont rendu les hommes d'autrefois à cette divinité bienfaisante qui ne demande qu'à serrer ses enfants dans ses bras ? Il serait bon de les prendre en compte, ces témoignages, que ce soient des temples, des lieux, des pierres, des lacs, des gouffres, des dalles gravées de signes énigmatiques. Le destin du monde est en jeu et, si l'on n'y prend pas garde, la bonne déesse deviendra Kâli, celle qui dévore ses enfants.

Il nous faut partir en pèlerinage dans les sanctuaires éternels de Notre-Dame la Terre.

Jean Markale

Glossaire

Âge du bronze période au cours de laquelle le bronze était le principal matériau entrant dans la fabrication des outils et des armes (en Asie, IIIe et IIe millénaires av. J.-C. ; en Europe, IIe et Ier millénaires avant J.-C.).

Âge paléolithique littéralement « âge de la pierre ancienne ». Période caractérisée par l'utilisation d'outils rudimentaires en pierre taillée, débutant il y a 2,5 millions d'années av. J.-C. et s'étendant jusqu'au Mésolithique (moyen âge de pierre), 8500 av. J.-C. environ. Le Paléolithique moyen commença il y a 200 000 ans environ ; le Paléolithique supérieur, il y a 35 000 ans.

Akkadiens peuple sémitique établi au nord de Sumer en Mésopotamie pendant le IIIe millénaire av. J.-C. et qui, plus tard, occupa tout le territoire de Sumer.

Algonquins derniers représentants d'une famille de tribus du même nom, porteurs des langues indigènes nord-américaines ; la plupart vivent dans les forêts septentrionales du nord-est des États-Unis.

Anatolie région montagneuse de la Turquie d'Asie qui compta, au néolithique des villes importantes telle que Catal Huyuk.

Animisme croyance essentiellement extra-européenne accordant à tout élément, animé ou non, une essence intrinsèque et vivante.

Astarté déesse-mère du Proche-Orient, vénérée comme protectrice de la fertilité ; originaire de Phénicie, son culte se répandit dans tout le bassin méditerranéen.

Assyrie empire situé au nord de la Mésopotamie, et dont l'expansion commença aux alentours de 1300 av. J.-C. À son apogée, il atteignit l'Égypte et la Méditerranée, puis s'écroula en 612 av. J.-C.

Babylonie région de l'ancienne Mésopotamie, comprenant Sumer et Akkad, et dont Babylone fut la capitale entre 1850 et 300 av. J.-C. environ.

Brigitte déesse irlandaise associée à la fertilité, à l'agriculture et à la créativité ; le christianisme primitif l'adopta et en fit sainte Bride ou Bridget, patronne de l'Irlande.

Ceques dans la religion Inca, « alignements sacrés » rayonnant à partir du temple du Soleil, à Cuzco, et le long desquels furent découverts des *huacas*.

Chamane prêtre-sorcier, devin et thérapeute, pouvant également provoquer des maladies par voie magique ; il joue un rôle important dans les sociétés tribales d'Asie, d'Amérique et de certaines parties d'Afrique.

Cheyenne peuple indigène habitant l'ouest de la région des Grandes Plaines d'Amérique du Nord.

Chippewas autre nom des Ojibwas d'Amérique du Nord.

Choctaw peuple indigène habitant l'ouest de la région des Grandes Plaines d'Amérique du Nord.

Comanche peuple indigène habitant le sud-est de la région des Grandes Plaines d'Amérique du Nord.

Crow peuple indigène habitant l'ouest des États-Unis.

Cybèle déesse-mère anatolienne dont le culte se répandit dans l'Empire romain après l'an 204 av. J.-C., à la faveur du transport à Rome de sa statue ; on la vénérait par des rites de fertilité à l'équinoxe de printemps.

Déméter déesse grecque de la nature, protectrice de la fertilité du sol et de l'agriculture et mère de Perséphone ; mère et fille étaient vénérées comme des déesses des semences ; à Persé phone, le bourgeonnement et à Déméter, la moisson.

Devi « la déesse » par excellence. Déité féminine suprême de l'hindouisme ; elle peut prendre de nombreux visages, celui d'une déesse discrète comme Parvati, épouse de Shiva, ou celui de la terrible Kali.

Fronton partie sommitale d'un temple grec ou de quel qu'autre édifice, consistant en deux éléments de corniche obliques, formant un triangle.

Gaïa ou Gé dans la mythologie grecque, déesse ancestrale personnifiant la Terre ; originellement divinité chtonienne, elle engendra Ouranos, le Ciel, et Pontos, la Mer.

Ganga personnification divinisée du fleuve Gange dans la mythologie hindoue, associée à la santé et à l'abondance ; son eau sacrée passe pour purifier les fautes.

Génie universellement répandue, cette figure humaine, animale ou divine appartient au mythe et au folklore, et subvertit malicieusement les activités humaines et divines. Raven et Coyote, dans la mythologie indigène nord-américaine, ou Loki, dans la mythologie scandinave, en constituent de bons exemples.

Héros auteur, généralement légendaire, de faits extraordinaires jouant un rôle essentiel dans la fondation d'une société.

Hittite peuple qui fit irruption dans la Turquie actuelle et le nord de la Syrie au cours du IIe millénaire av. J.-C. et usa en premier d'une langue indo-européenne. Les Hittites bâtirent un grand empire qui s'écroula vers 1200 av. J.-C.

Hogan habitat traditionnel des Navajos, fait de boue séchée couvrant une charpente en bois.

Huaca élément remarquable du paysage auquel la croyance des Incas attribue une signification mythologique et un pouvoir surnaturel.

Isis sœur et femme d'Osiris, et mère d'Horus dans la mythologie égyptienne ; déesse de la terre et de la fertilité.

Ishtar déesse babylonienne et assyrienne de l'amour, de la sexualité et de la fertilité ; associée à de nombreuses déesses de la terre, y compris Astarté, elle veillait à la fécondité humaine.

Kali grande déesse hindoue de la guerre et ennemie des démons ; on la représente habituellement avec les symboles de la vie (bols de nourriture ou lotus) et de la mort (collier d'armes ou têtes de mort).

Khnum selon un mythe égyptien, dieu créateur vénéré au début du Nouvel Empire ; il passe pour avoir façonné les hommes et les déités sur un tour de potier.

Luiseño peuple indigène d'Amérique habitant la côte sud de l'actuelle Californie.

Manitou terme algonquin désignant l'Esprit divin tout-puissant.

Mégalithe grand bloc de pierre brute de l'époque préhistorique, du genre de ceux qui furent érigés dans le nord-ouest de l'Europe entre 3200 et 1500 av. J.-C. Les menhirs sont des mégalithes.

Mésopotamie région qui s'étire entre le Tigre et l'Euphrate, couvrant une grande partie de l'actuel Iraq. Berceau des civilisations sumérienne, akkadienne, babylonienne et assyrienne.

Navajo peuple indigène nord-américain formant le groupe le plus nombreux, et habitant principalement en Arizona et au nord du Nouveau-Mexique.

Néolithique dernière période de l'âge de pierre remontant à une époque comprise entre 6000 et 4500 av. J.-C. pour l'Europe, 11000 et 8000 av. J.-C. pour l'Asie du Sud-Ouest.

Ojibwa tribu des Algonquins habitant la région des Grands Lacs ; on les appelle aussi Chippewas.

Pegmatite roche contenant de grands cristaux.

Phéniciens peuple sémitique et marin originaire de la côte orientale de la Méditerranée (actuel Liban et région septentrionale d'Israël). Les grandes cités phéniciennes – Sidon, Tyr, Berytus (Beyrouth) – furent conquises par Alexandre le Grand, et plus tard par les Romains, qui rasèrent la grande colonie phénicienne autour de Carthage.

Pueblos terme générique désignant les peuples indigènes traditionnellement orientés vers les activités agricoles, sédentarisés en bourgs ou villages (*pueblos* en espagnol) et vivant dans les régions situées au sud-ouest de l'Amérique du Nord. Parmi eux, on cite les Hopis, les Zunis, etc.

Quête visionnaire entrée dans un état de transe extatique par un régime de jeûne, de prière et de réclusion, à des fins d'illumination spirituelle

Roue de médecine ensemble préhistorique, fait de pierres et de gros cailloux agencés en forme de roue, et composé d'un cercle extérieur ainsi que de « rayons » ; on en trouve des traces dans les prairies nord-américaines.

Sami ou Samii peuple de langue finno-ougrienne, que les non-spécialistes nomment les Lapons (nord de la Scandinavie et de l'extrême nord-est de la Russie).

Shiva grand dieu hindou de la nature et de la fertilité personnifiant les forces opposées de la mort et de la renaissance ; symbolisant l'énergie créatrice mâle, il est représenté par un linga, ou phallus dressé.

Sumériens peuple non sémitique qui fonda une civilisation à Sumer, en Mésopotamie méridionale, au cours du IVe millénaire av. J.-C., développa la première forme d'écriture, ainsi que des villes et des codes de lois ; il fut dominé par les Akkadiens.

Ta'aora dieu créateur qui, dans la mythologie tahitienne, façonna l'humanité et dispensa le fruit à pain, principale source d'alimentation des îles.

Tiamat monstre femelle primordial de la mythologie akkadienne qui engendra les dieux et fut tuée par le dieu Marduk, lequel la coupa en deux pour en faire le ciel et la terre.

Tertres tumulus funéraires en terre, de forme et de taille variées, qui se composent souvent d'une allée couverte en pierres et d'une chambre.

Yggdrasil grand arbre puissant, également connu sous le nom de Frêne du Monde, formant l'axe de la terre dans la mythologie scandinave.

Yin et Yang principes de la philosophie chinoise désignant les pôles cosmiques du masculin et du féminin, opposés et complémentaires.

Ymir géant primordial de la mythologie scandinave. Né de la glace, il fut tué par le dieu Odin et ses deux frères, qui formèrent la terre avec son corps, la mer avec son sang, et le ciel avec son squelette.

Ziggourat temple babylonien en forme de tour pyramidale à degrés et possédant plusieurs étages.

Zuni tribu des Pueblos du Nouveau-Mexique, habitant le sud-ouest des États-Unis.

Index

Les numéros de page en romain renvoient au texte principal. Les numéros en *italique* renvoient aux légendes, les numéros en **gras** aux encadrés.

Crédits photographiques

L'éditeur tient à remercier les photographes et les organismes pour leur aimable permission de reproduire dans cet ouvrage les photographies suivantes :

Abréviations
B en bas ; **C** centre; **H** en haut; **G** gauche ; **D** droite
DBP Duncan Baird Publishers
MEPL Mary Evans Picture Library
NHPA Natural History Photographic Agency
WFA Werner Forman Archive
MH Michael Holford
AA&A Ancient Art et Architecture

1 Zefa, 2 Zefa ; 6 RHPL ; 8/9 Zefa ; 10 ESA/PLI/SPL ; 11H Zefa ; 11BG Wheelwright Museum of the American Indian ; 11BD RHPL/Woolfitt ; 12 K. Wilks ; 13 BAL/British Library ; 14H Frank Spooner Pictures/Lewis ; Zefa/Sunak ; 14B DBP ; 16 WFA/Private Collection ; 17H James Pierce ; 17B BAL/Ali Meyer ; 18B Zefa/Sunak ; 18/19 BAL/British Museum ; 19B BAL/Phillips ; 20 Biblioteca Apostolica Vaticana ; 21B MEPL ; 21H The Futile Press ; 22/23 C. Varstokas ; 22B Jean-Loup Charmet ; 23H WFA ; 23B RHPL/Jordan ; 24B Zefa ; 24H British Museum ; 25C Zefa/Braun ; 25H HPL ; 25B Mick Sharp ; 26H e.t. archive/V & A ; 26B DBP ; 27H e.t. archive/V & A ; 27B Images ; 28 BAL/Bibliothèque Nationale ; 29H American Museum of Natural History ; 29B Environmental Picture Library ; 30/31 HPL ; 32B Zefa ; 33H e.t. archive/New York Public Library ; 33B HPL ; 34/35 Panos Pictures/Penny Tweedie ; 34B RHPL ; 35 Panos Pictures ; 36 BAL/Bristol Art Museum ; 37B BAL/Bibliothèque Nationale ; 37H Barnaby's ; 38 e.t. archive, 39 BAL/Musée Condé ; 40H Aspect/Carmichael ; 40B HPL/Dorig ; 41H RHPL/Beatty ; 41BD BP/from Dante ; 42 Patrick Wey ; 43B RHPL ; 43H Patrick Wey ; 44 Panos Pictures/Penny Tweedie ; 45H MEPL ; 45B BAL/Library of Congress ; 46H RHPL ; 46B RHPL/Corrigan ; 47H DBP ; 47B Michael Holford ; 48 HPL/Murray ; 48/49 Michael Holford ; 49 RHPL ; 50 Zefa ; 51H BAL/Bonhams ; 51B Mary Rose Trust ; 52/53 Zefa ; 54H HPL/Horner ; 54B Barnaby's/Gardner ; 55B Michael Holford ; 55H Zefa ; 56H Zefa/Thonig ; 56B Arcaid ; 57H e.t. archive/Biblioteca Estense ; 57B Robert Estall ; 58G Bath Archaeological Trust ; 59H Bath Archaological Trust : 59BC British Museum : 59BD Mansell Collection ; 60 BAL/Prado ; 61H Michael Holford ; 61B Panos Pictures/BerRIedale Johnson ; 62HG HPL/Brinicombe ; 62C Panos Pictures/Krofchak ; 62D RHPL/Woolfitt ; 63H Panos Pictures/Krofchak ; 63BD Panos Pictures/McEvoy, 64H RHPL/Gilliam ; 64B BAL/British Library ; 65H Zefa/Brown ; 65B DBP ; 66H HPL ; 66B HPL/Goh ; 67H BAL/Christie's 67B Mansell Collection ; 68B Rex Features/Gral/SlPA ; 68H SPL/Parvainen ; 69D Zefa ; 69B MEPL ; 70H Zefa ; 71H HPL/Goh ; 71B RHPL/Dukes ; 72H Frank Spooner Pictures/Gamma/Gilli ; 72B Rex Features/Sipa ; 73 WFA/Private Collection ; 74 Mick Sharp/Jean Williamson ; 75H RHPL/Gervis ; 75BG Rex Features/SlPA/Bean, 75BC RHPL/Gervis ; 75BD *Alone with the Past* by Richard Reed, Courtesy of the Kramer Gallery, Minneapolis ; 76H HPL/Mclntyre ; 76B BAL/British Library ; 77B WFA/Private Collection ; 77H RHPL/Woolfitt ; 78H Zefa/Salmoiraghi ; 78B Survival Anglia/Plage ; 79H MEPL ; 79B Zefa ; 80G Frank Spooner/Gamma/Salaba ; 80C MEPL ; 80D Survival Anglia/Root ; 81H MEPL ; 81G Mansell Collection ; 81D HPL/Frances ; 82 HPL ; 83H Zefa/Bundachat ; 83B Zefa ; 84H RHPL/Kraffl 84B RHPL ; 85H RHPL/B. Lytle ; 86H HPL/Reditt, 86B Michael Holford ; 87H Zefa ; 88G HPL/Highet ; 89H HPL/Regent ; 89BD HPL/Highet ; 89BG HPL/Highet ; 90 MEPL ; 91 Michael Holford ; 92/93 Zefa/Schorke ; 94 HPL/Goh ; 95 Scala ; 96H HPL ; 96B e.t. archive ; 96H HPL ; 97 WFA/Private Collection ; 98 Colorphoto Hans Hinz ; 99 Colorphoto Hans Hinz ; 100 Robert Estall, 101H RHPL ; 101B HPL/Job ; 102 Dr Richard Katz ; 103H FLPA/Gardener ; 103B RHPL ; 104 Barnaby's ; 106 RHPL ; 107H MEPL ; 107C RHPL/Woolfitt ; 107D MEPL ; 108H Frank Spooner Pictures/Gamma/Jordan ; 108B RHPL/Frerck ; 109 Robert Estall ; 111H Ohio Historical Society ; 111BG Ohio Historical Society ; 111BD DBP ; 113 RHPL ; 114BG Tim E.H. Jones ; 115H Tim E.H. Jones ; 115BG Tim E.H. Jones ; 116 Frank Spooner/Gamma ; 117H Michael Holford ; 117B Jean-Loup Charmet ; 118B Mick Sharp ; 119H Janet et Colin Bord ; 119B Mick Sharp ; 120G Mick Sharp ; 121H RHPL/Woolfitt ; 121BG HPL/Highet ; 121BC Mick Sharp ; 121BD Mick Sharp 122G MEPL ; 122C Robert Estall ; 123H Zefa ; 123C Mansell Collection ; 124 Zefa/Mehlig ; 125 RHPL/Beaumont ; 126G HPL/Frances ; 126D HPL/Frances ; 127H Zefa/Goebel ; 127BG HPL/Lawrie ; 127BC RHPL/Rennie ; 127D

Ville de Montréal

**Feuillet
de circulation**

À rendre le	
2 8 JAN. 2003	
2 1 FEV. 2003	
0 5 MAR. 2003	
1 6 AVR. 2003	
1 5 MAI 2003	
1 9 JUIN	
0 8 AOUT 2003	
0 6 JAN. 2004	
1 9 AOUT 2004	
2 2 MAR. 2005	

06.03.375-8 (05-93)